Liebe Leserin,
lieber Leser!

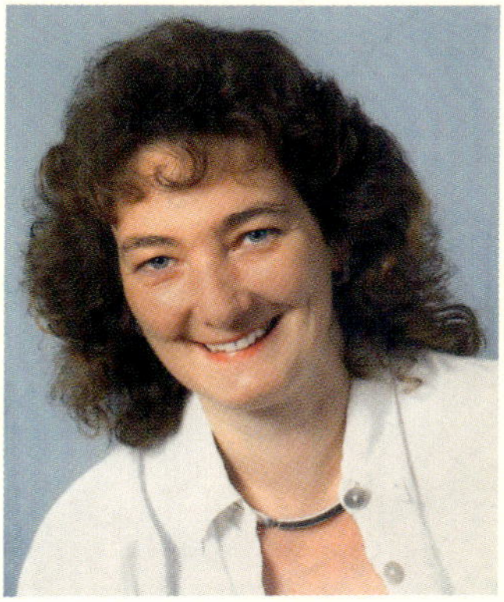

Um Ihnen die Scheu vor der weißen Leinwand zu nehmen, möchte ich Ihnen vorweg eines sagen: Meine abstrakten Bilder nachzumalen, ist keine große Kunst! Die Kurven und Kleckse, Quadrate und Rechtecke kriegen Sie locker hin, zumal Ihnen Vorlagen in Originalgröße helfen.
Wie Sie die Farben zum Leuchten bringen, geometrische Formen effektvoll in Szene setzen und tolle Strukturen zaubern, dazu möchte ich Ihnen in diesem Buch auch allgemein einige Tipps geben. Durch Aufkleben von Blattmetall und Einarbeiten von Modellierpasten zum Beispiel geben Sie der Leinwand eine besondere Wirkung, mit Pastellkreiden heben Sie einzelne Partien hervor ... Mit zunehmender Malerfahrung wächst der Spaß am Experimentieren und Ihre Ideen sprudeln wie von selbst!
Gehen Sie mit mir „Voll Schwung ans Werk" und kreieren Sie Ihr Bild passend zur Einrichtung vielleicht in Blautönen. Spüren Sie meiner „Abendstimmung" nach und gestalten Sie den unvergessenen Sonnenuntergang vom letzten Urlaub.

Viel Freude beim Malen
und den Firmen Rayher, VBS und Opitec einen herzlichen Dank
für die Zurverfügungstellung von diversen Materialien,

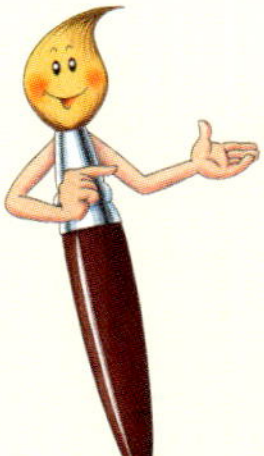

Gabriele Schulle

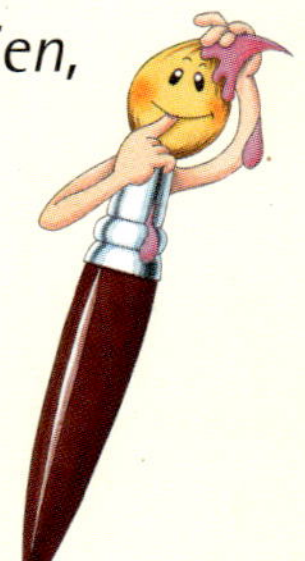

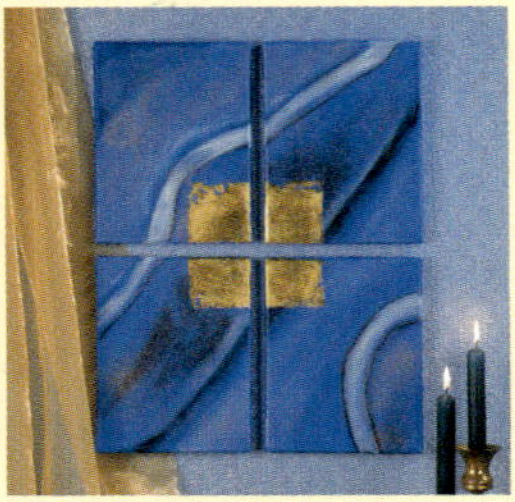

Inhaltsverzeichnis

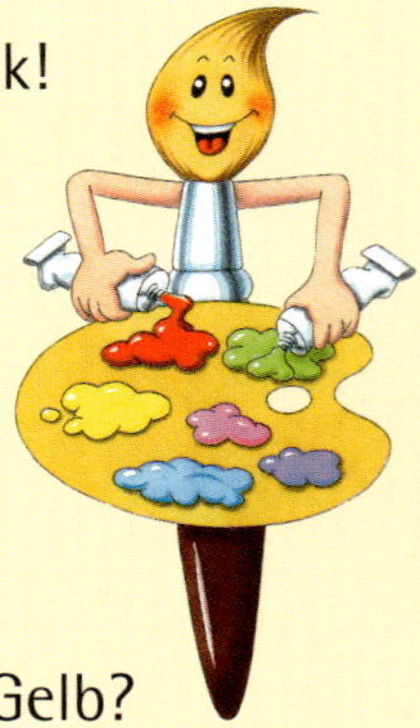

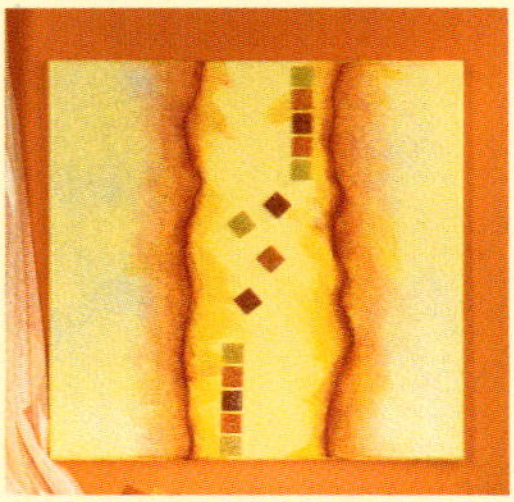

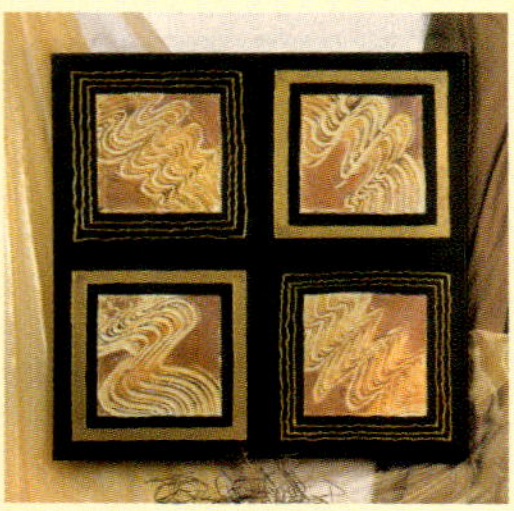

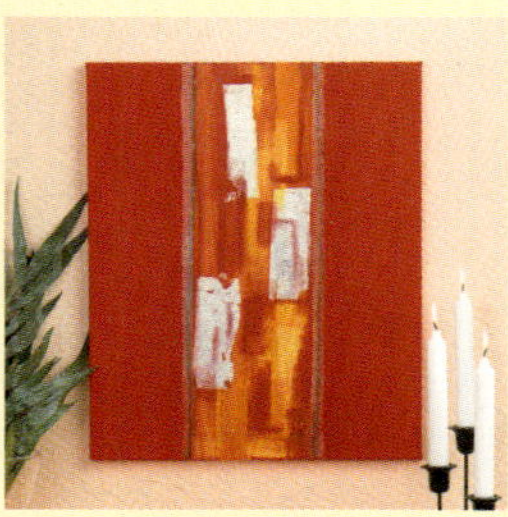

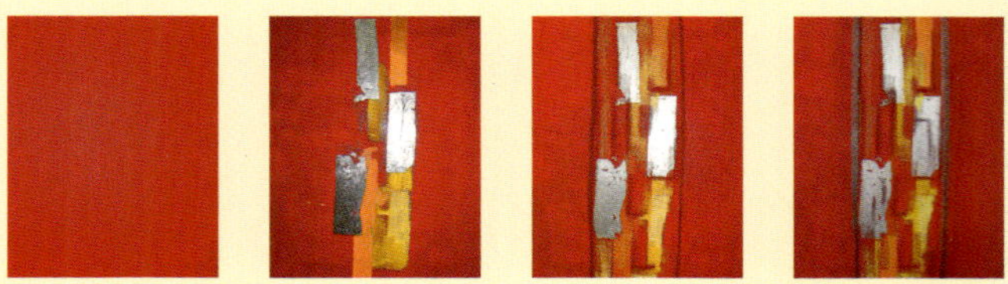

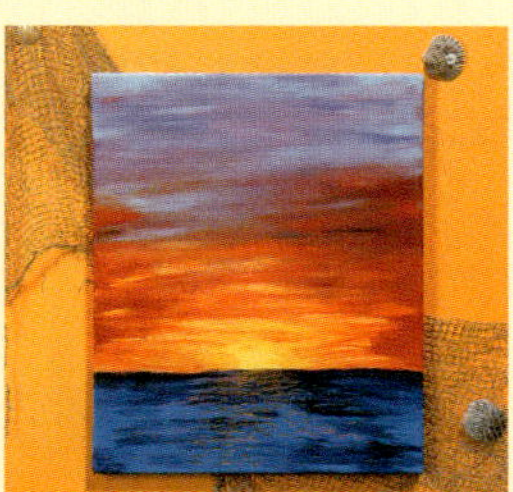

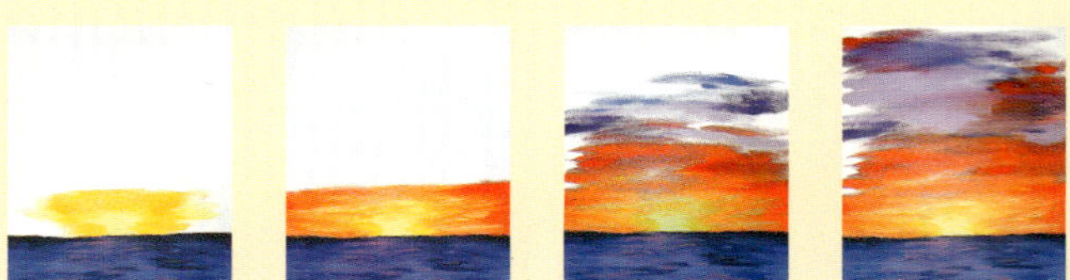

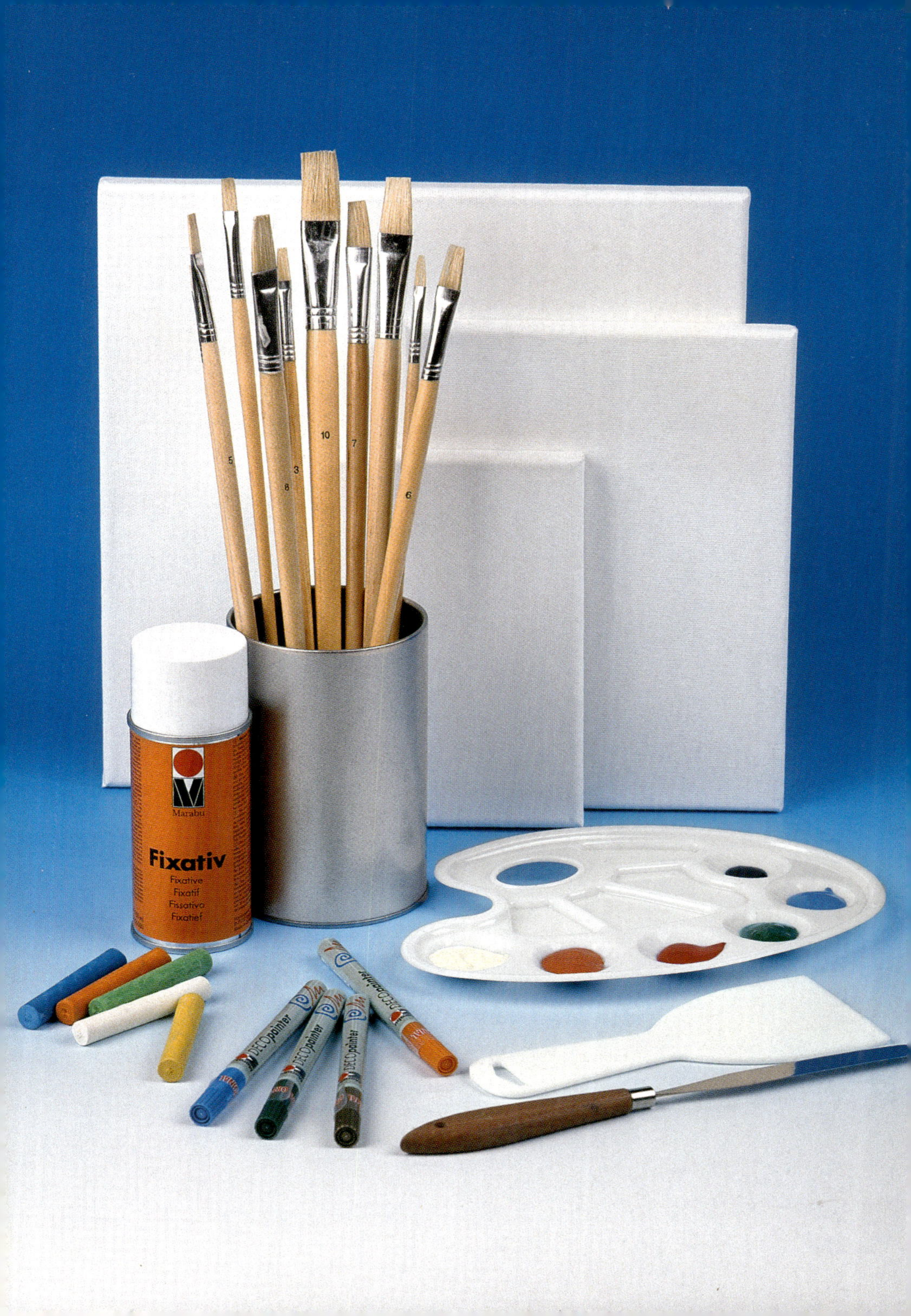
Marabu
Fixativ
Fixative
Fixatif
Fissativo
Fixatief
DECOpainter

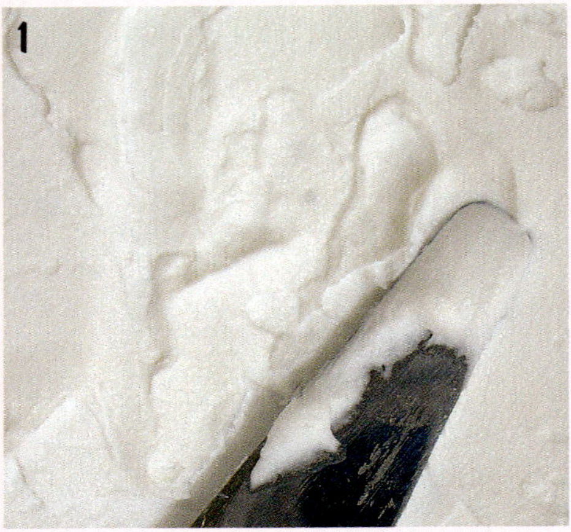

Materialkunde

Gestaltung des Untergrunds

Modellier- und Strukturmassen werden mit dem Spachtel auf die Leinwand aufgetragen und mithilfe von Gabel, Kamm, Zahnbürste etc. weiter bearbeitet. Nach dem Trocknen können sie geschliffen und/oder übermalt werden. Einige spezielle Effektpasten kommen sogar ohne farbliche Überarbeitung aus.

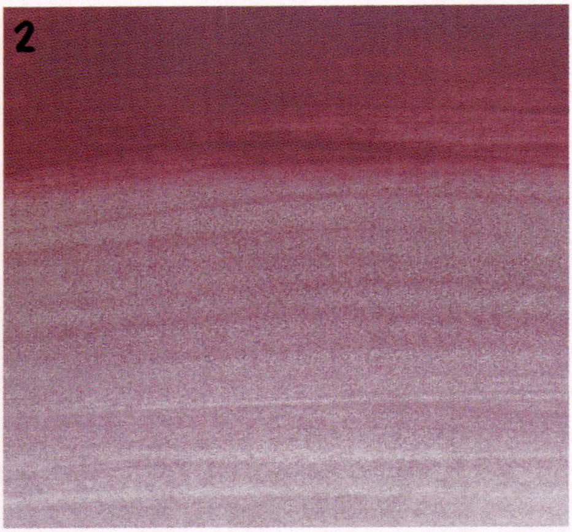

Malen mit Acrylfarben

- Für deckende Farbaufträge die Farbe unverdünnt verwenden und vollständig trocknen lassen, sollte eine zweite Schicht nötig sein.
- Beim Mischen die zweite Farbe immer schrittweise in die erste einrühren.
- Zum Lasieren die Farbe nach und nach durch Zugabe von Wasser verdünnen und zwischendurch auf einem Stück Pappe oder Papier ausprobieren, ob sie bereits das gewünschte Ergebnis bringt.

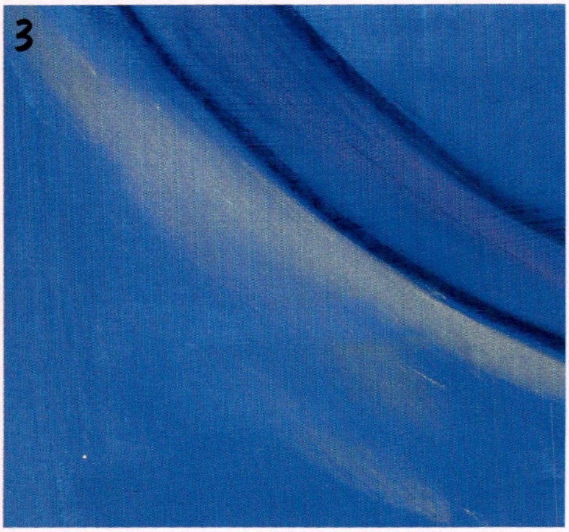

Effekte durch Pastellkreiden

Pastellkreiden lassen sich gut auf die Acrylfarben auftragen, um die Farben zu intensivieren oder zeichnerisch Flächen anzulegen. Das anschließende Verwischen der Linien mit den Fingern sorgt für tolle Effekte. Wichtig: Ein feuchtes Tuch zum Reinigen der Hände bereit legen und die letzte Schicht immer mit Fixativ einsprühen!

Texte und Konturen mit Window Color

Auf den relativ rauen Leinwänden haften Fenstermalfarben sehr gut und eignen sich daher hervorragend, um ein Bild durch Texte zu ergänzen oder Konturen nachzuziehen. Kleckser und Fehler lassen sich einfach auswischen und nochmals auftragen. Nach dem Trocknen können die Linien mit Acrylfarbe übermalt werden. Tipp: Damit die Position der Texte stimmt, mit einem Bleistift vorschreiben.

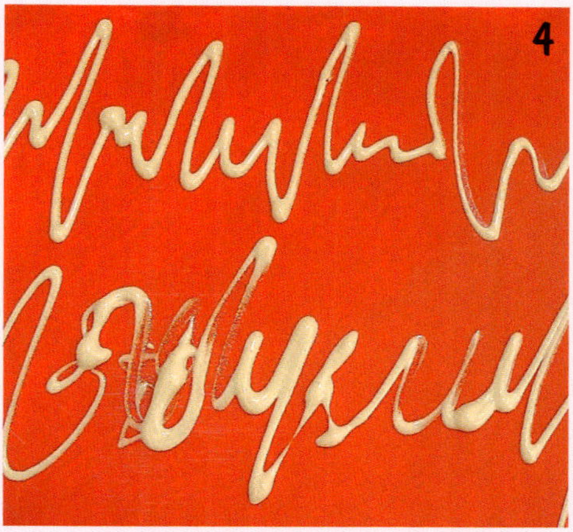

Die verschiedenen Pinsel

Robuste Borstenpinsel für harte und lebendige Striche, Naturhaarpinsel zum Lasieren, Schablonierpinsel zum Stupfen und die „Katzenzunge" aus Synthetikfaser für weiche, spitz auslaufende Linien: Die Beschaffenheit und Qualität der Pinsel spielt bei der Bildgestaltung eine große Rolle. Um die Möglichkeiten voll ausschöpfen zu können, empfiehlt es sich, Pinsel in unterschiedlichen Ausführungen und Breiten parat zu haben.

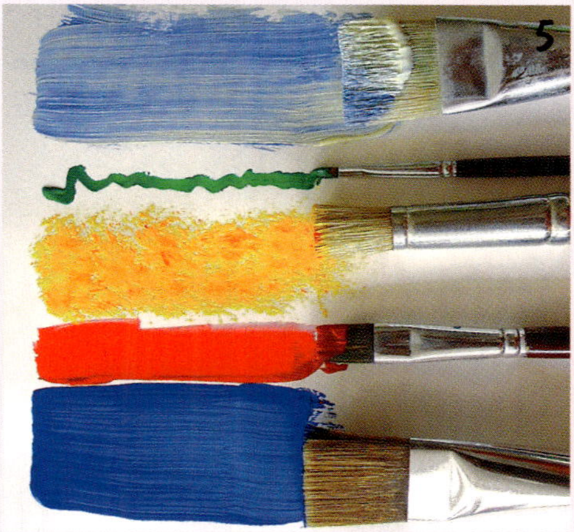

Collagen

Je nach angestrebtem Effekt können die verschiedensten Elemente eingearbeitet werden: Fundstücke vom Strand, Stoffreste, Serviettenmotive, Sand oder Draht. Sehr reizvoll wirken auch Metallfolien. Sie lassen sich nach dem Trocknen mit Acrylfarbe weiter bearbeiten und verleihen dem Bild einen schönen Schimmer. Alle Materialien sollten sorgfältig aufgeklebt werden, denn wo Ecken herausstehen, ist das Bild anfälliger für Beschädigungen!

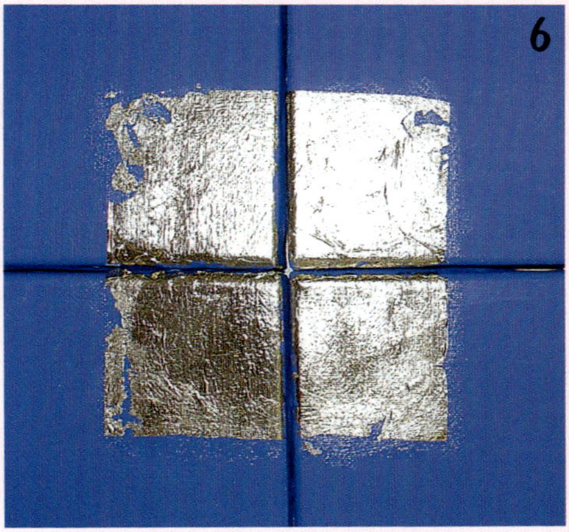

An jeder Wand der Mittelpunkt!

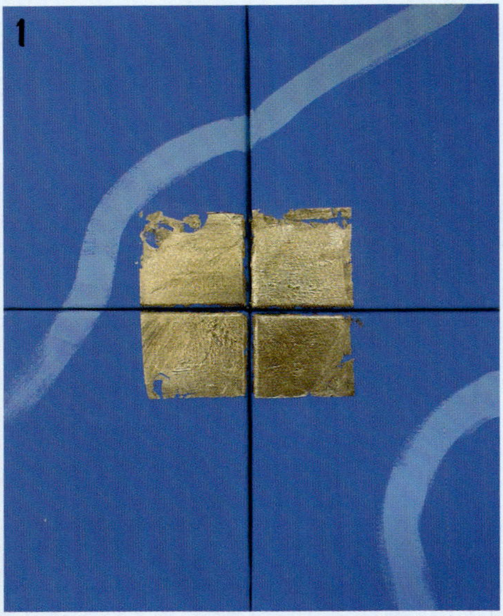

1. Die vier Keilrahmen mit dem breiten Borstenpinsel in Mittelblau grundieren, dabei die Ränder nicht vergessen. Die Farbe gut trocknen lassen. Die vier Keilrahmen zum weiteren Bemalen mit einem Tacker auf der Rückseite zusammenheften und wenden. Die Anlegemilch in Größe des Blattgoldmotivs auftragen und nach Herstellerangaben antrocknen lassen. Dann das Blattgold darauf legen und mit dem Pinsel vorsichtig andrücken. Kleine Falten und Risse lassen sich nicht vermeiden. Mit dem kleinen Borstenpinsel zwei Wellen aufmalen, wie auf dem Foto zu sehen. Dazu Hellblau und Weiß mischen. Auch hier wieder an die Ränder denken und die Farbe gut trocknen lassen.

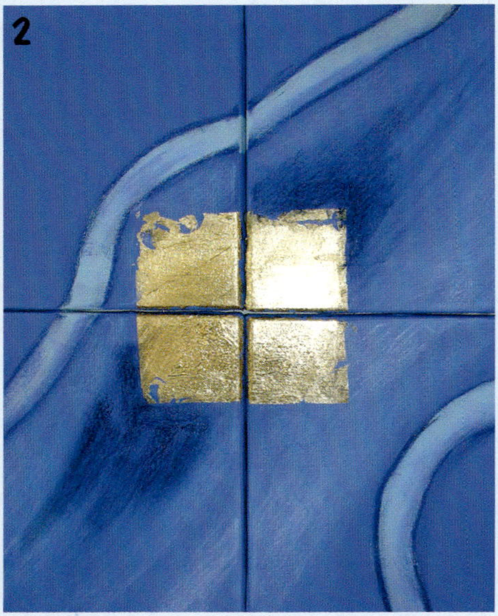

2. Beide Wellen entlang der Außenkanten mit preußischblauer Pastellkreide nachzeichnen, die Kreidelinie mit dem Finger leicht verwischen. Das Quadrat aus Blattmetall um die linke untere und rechte obere Ecke herum ebenfalls mit Preußischblau betonen. Die Partien zwischen den Wellen mit weißer Pastellkreide aufhellen und mit Ultramarin dunkel und Phthaloblau dagegen setzen, um den Hintergrund lebendiger zu machen. Für breite Striche die Pastellkreide-Stäbchen in der Mitte durchbrechen und flach legen. Die Keilrahmen mit Fixativ einsprühen. Nach dem Trocknen etwas Glitterspray darüber geben. Zum Schluss die Tackernadeln auf der Rückseite mit einer Zange entfernen.

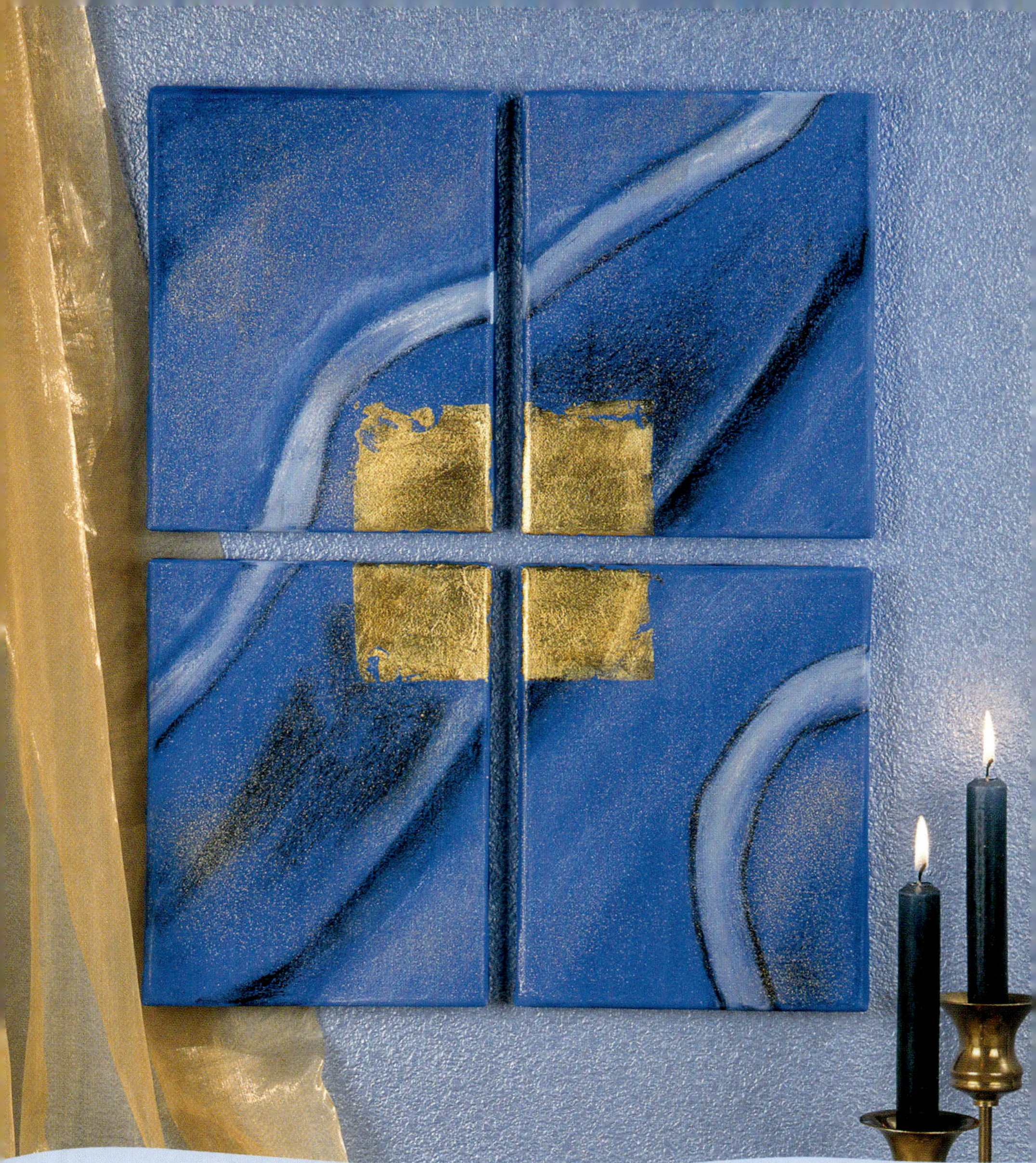

Material

- 4 Keilrahmen, 18 x 24 cm
- Marabu Acrylfarbe in Hellblau, Mittelblau und Weiß
- Blattmetall in Gold, Anlegemilch
- Marabu-Fixativ
- Pastellkreide in Preußischblau, Ultramarinblau dunkel, Phthaloblau und Weiß
- Marabu-do it-Glitterspray in Gold
- Tacker
- Borstenpinsel in Größe 14 und 20

Voll Schwung ans Werk!

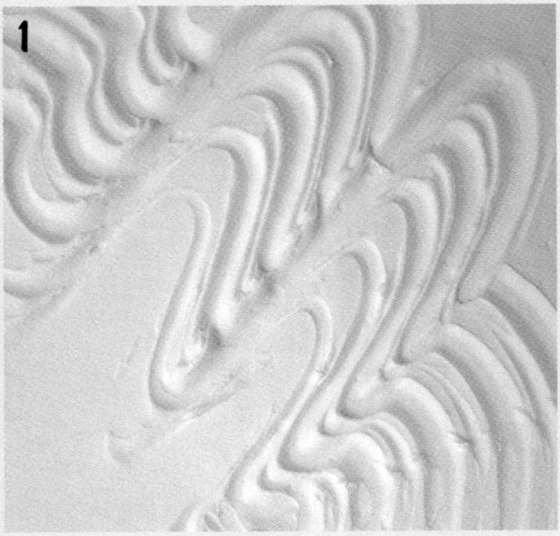

1. In der Mitte des Kartons ein Quadrat von 18 x 18 cm aufzeichnen und ausschneiden. Den entstandenen Rahmen mit Klebeband an einer Ecke des Keilrahmens befestigen, dann mit Strukturpaste bzw. Modellierpaste ausfüllen und mit dem Zahnspachtel ein Wellen-Muster ziehen. Den Papprahmen abnehmen und die Paste trocknen lassen. Alle vier Quadrate so arbeiten, dabei jeweils für die beiden schräg gegenüberliegenden dieselbe Paste verwenden (Modellierpaste für starke Konturen, Strukturpaste für „sandige" Optik).

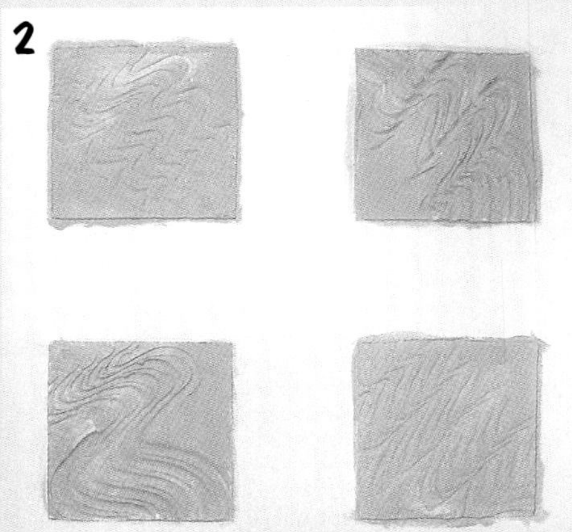

2. Nun die gefüllten Quadrate mit der milchkaffeebraunen Acrylfarbe bemalen, am besten mit einem breiten und robusten Borstenpinsel. Dabei kommt es nicht auf genaues Arbeiten an, denn unsaubere Ränder werden später vom Rahmen in Mittelbraun verdeckt.

Tipp: *Falls beim Abziehen des Papprahmens die Ränder unsauber aussehen, lassen sie sich mit einem Spachtel noch etwas korrigieren.*

Material

- *Keilrahmen, 60 x 60 cm*
- *Modellierpaste in Weiß*
- *Strukturpaste feinkörnig*
- *Marabu Acrylfarbe in Milchkaffee, Hellbraun, Mittelbraun, Metallic-Gold*
- *Marabu-Decormatt Acryl in Metallic-Kupfer*
- *Marabu-fun & fancy Konturenfarbe in Gold*
- *fester Pappkarton, 30 x 30 cm*
- *Lineal und Bleistift*
- *Klebeband*
- *Cutter*
- *Spachtel, Zahnspachtel*
- *Pinsel*
- *Haushaltsschwamm, Lappen*

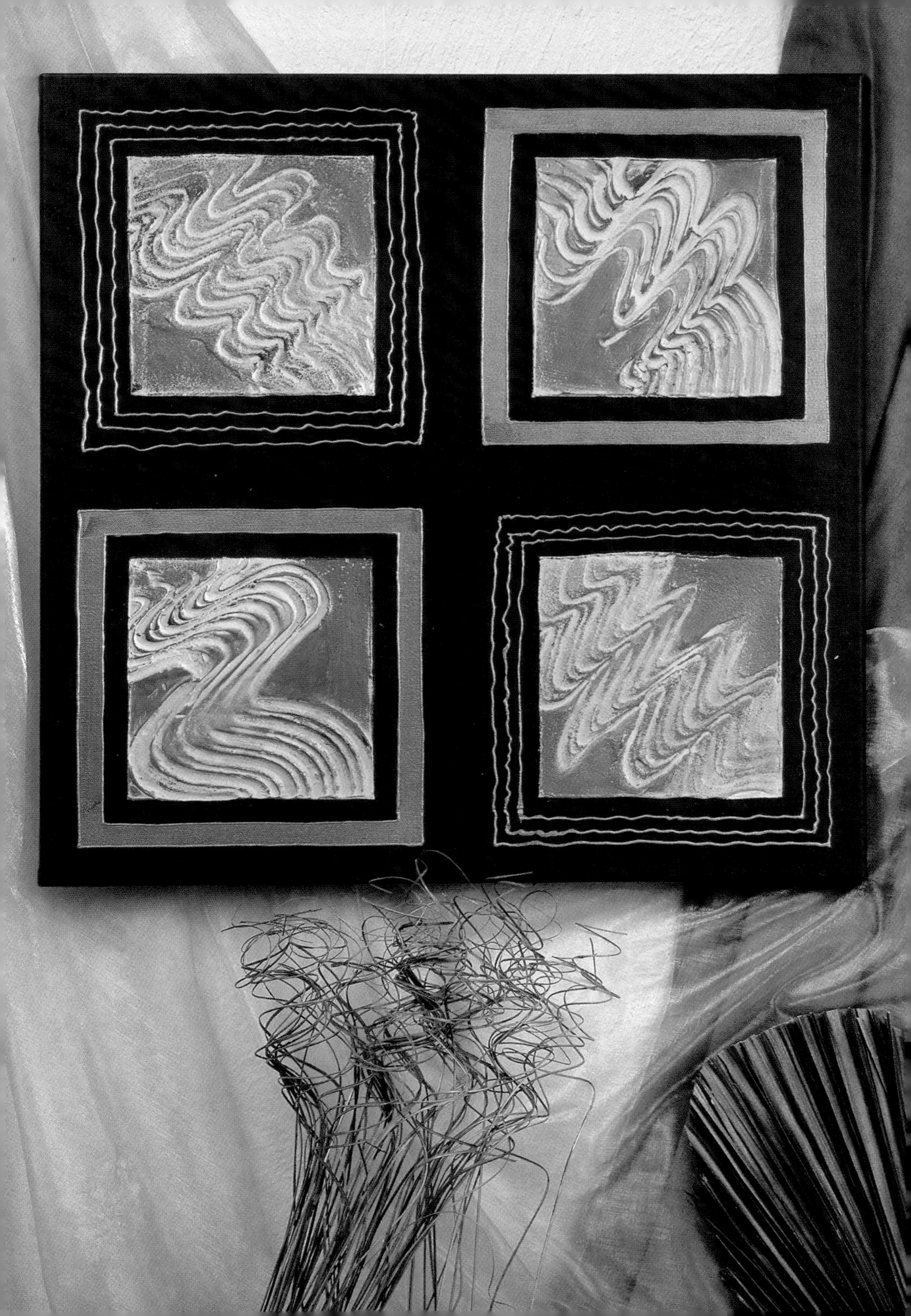

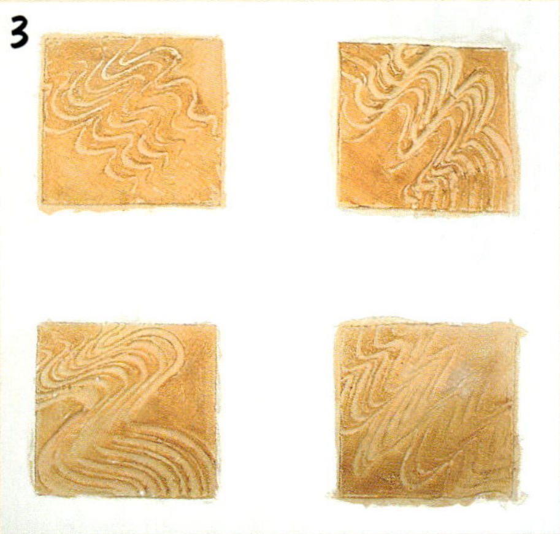

3. Damit die Oberflächenstruktur besser zur Geltung kommt, die hellbraune Acrylfarbe anschließend sehr vorsichtig auftragen, möglichst ohne in die Vertiefungen zu gelangen. Dazu einen Lappen um zwei Finger wickeln und in die Farbe tupfen, dann leicht damit über die Oberfläche streichen, so dass die eingeritzten Wellen-Muster sichtbar bleiben.

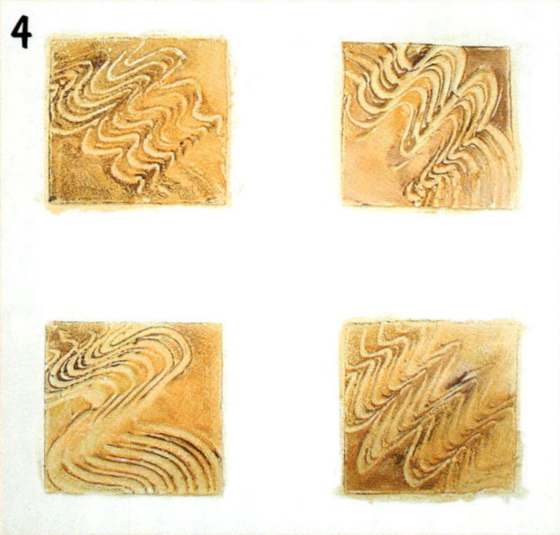

4. Die Erhebungen der Strukturpaste bzw. Modellierpaste jetzt noch mit etwas Mittelbraun betonen. Dabei wiederum mit dem Lappen zart über die Strukturen streichen und die Vertiefungen aussparen. Auch das Hellbraun der vorherigen Schicht nicht ganz überdecken, sondern lediglich stellenweise dunkle Azente setzen.

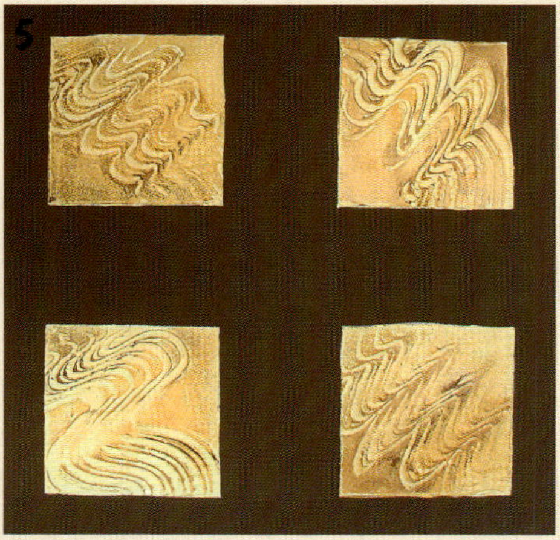

5. Die Zwischenräume, die wie ein Passepartout erscheinen, in Mittelbraun ausmalen. Dabei mit trockenem Pinsel und von innen nach außen arbeiten. Eventuell sind zwei Durchgänge nötig, bis die Farbe richtig deckt. Wichtig: Bei der weiteren Gestaltung darauf achten, mit dem Pinsel oder Lappen nicht mehr auf das satte Braun der Zwischenräume zu geraten, sonst würde die Wirkung zerstört.

6. Den Strukturen der Quadrate nun ein glänzendes Finish in Gold und Kupfer verleihen. Dazu mit dem Schwamm etwas Farbe aufnehmen und damit über die glatten Flächen tupfen. Die goldene Acrylfarbe als Erstes verwenden und vor dem Auftragen des Kupfers trocknen lassen.

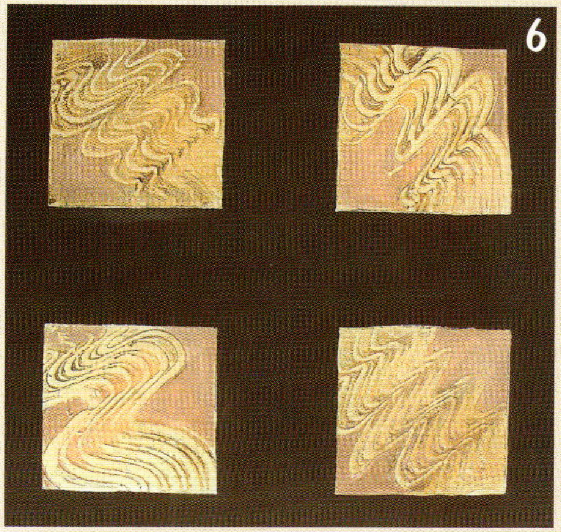

7. Für den linken unteren und rechten oberen Rahmen mit der Konturenfarbe jeweils zwei Linien im Abstand von etwa einem Zentimeter um die Quadrate ziehen und trocknen lassen. Die Linien mit Acrylfarbe in Gold ausfüllen. Um einen geraden Rahmen erhalten, empfiehlt es sich dabei, die Linien mit dem Bleistift und einem Lineal vorzuzeichnen.

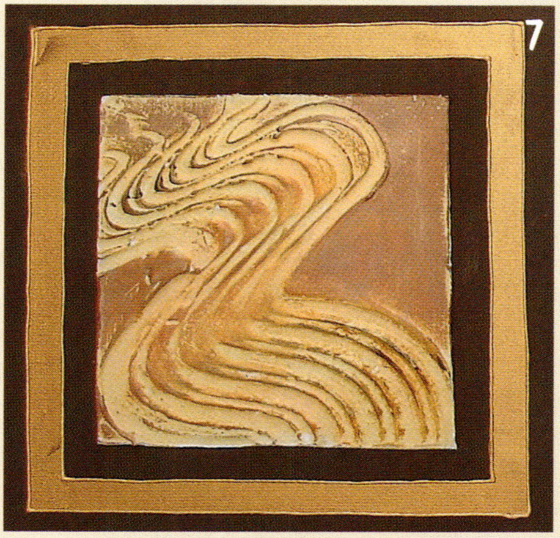

8. Zum Schluss für die Rahmen der beiden anderen Quadrate mit dem Bleistift jeweils drei Schlangenlinien vorzeichnen, dann mit der Konturenfarbe nachziehen und ebenfalls gut trocknen lassen.

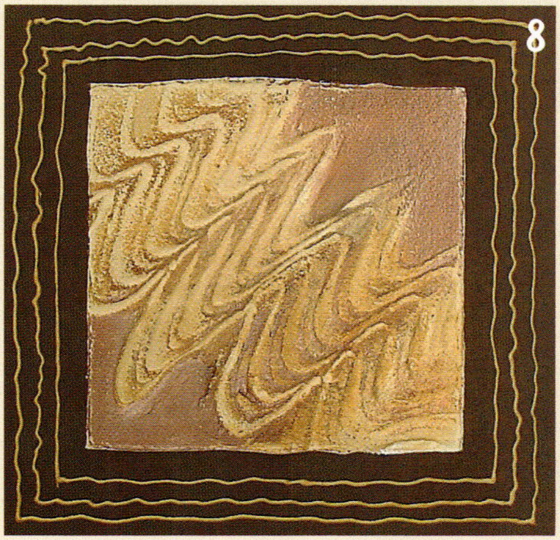

Afrikanischer Traum

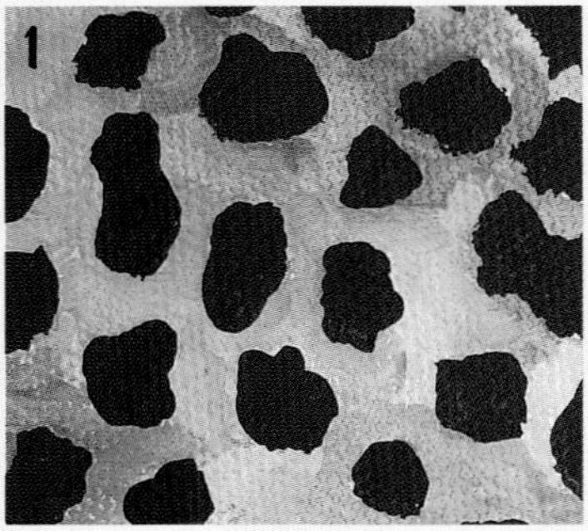

1. Die Vorlagen auf den Keilrahmen übertragen. Den Hintergrund des Giraffenmusters in Mango, Gelb, Orange und Hellbraun gestalten. Zum Schluss die schwarzen Punkte ausfüllen.

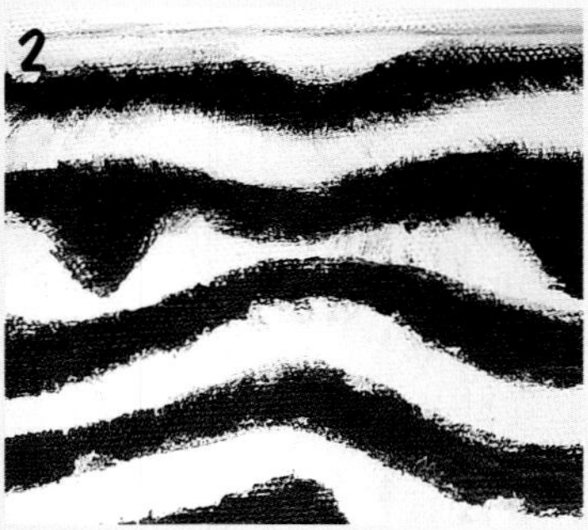

2. Das Zebramuster zuerst in Weiß und Schwarz ausmalen, dann mit einem Rahmen in Dunkelbraun einfassen. In die noch feuchte Farbe mit dem kleinen Borstenpinsel zügig etwas Weiß streichen, so dass die Ränder leicht verwischen.

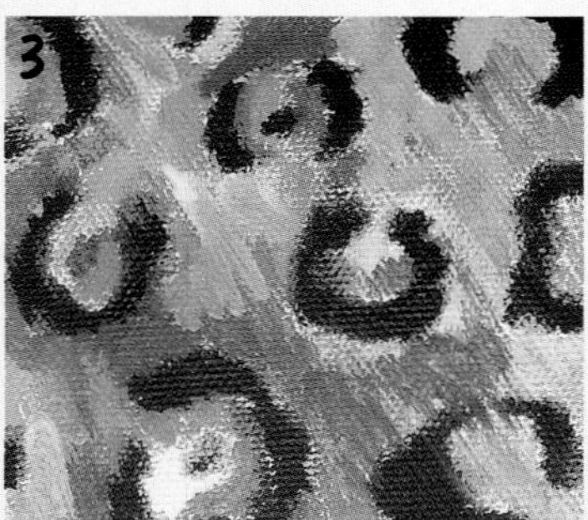

3. Das Leopardenmuster in Schwarz, Gelb, Orange, Mango und Hellbraun ausmalen. Dabei mit den schwarzen Fellflecken beginnen, anschließend die Zwischenräume mit Mango ausfüllen. Die Schattierungen mit Gelb, Orange und Hellbraun einbringen. Die restliche Leinwand in Schwarz bemalen. Das Bild mit Fixativ besprühen, dann erscheinen die Farben noch intensiver.

Material

- *Keilrahmen, 30 x 80 cm*
- *Marabu Acrylfarbe in Mango, Gelb, Orange, Hellbraun, Dunkelbraun, Weiß und Schwarz*
- *Marabu-Fixativ, Bleistift, weicher Buntstift*
- *Transparentpapier, Klebeband*
- *Borstenpinsel in Größe 16 und 22*

Vorlage 1 a–c, Bogen B

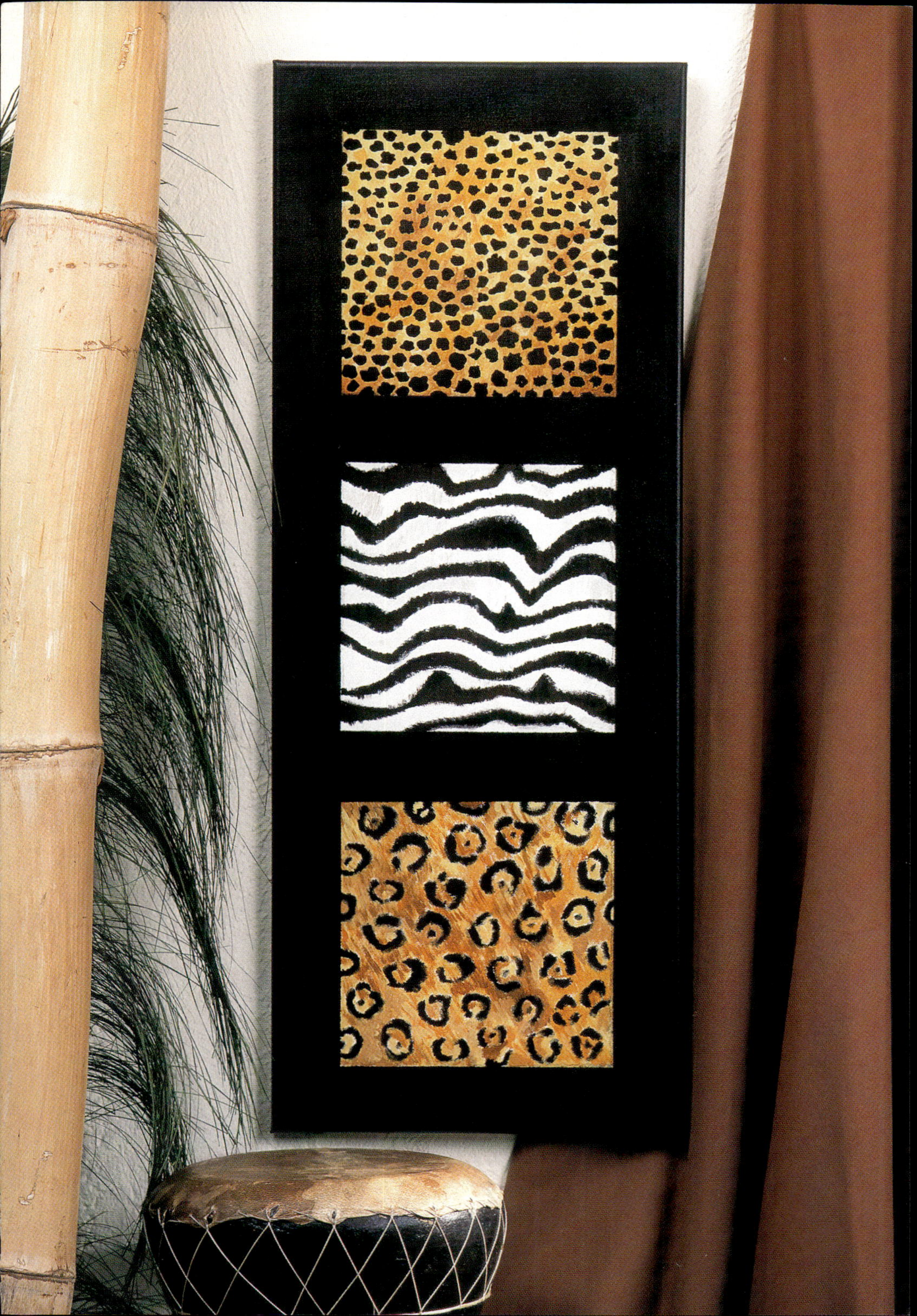

Spiel-Felder

1. Die Vorlage vom Bogen mit dem Bleistift auf Transparentpapier übertragen. Das Papier wenden und die Linien mit dem weichen Buntstift nachzeichnen. Das Papier erneut umdrehen, mit Klebeband auf dem Rahmen fixieren und die Linien auf der Rückseite mit dem Bleistift noch einmal nachziehen, so dass sie sich auf der Leinwand abzeichnen. An dieser Stelle nur die Einteilung der Flächen übertragen!

Tipps: *Statt mit der Vorlage zu arbeiten, können die Rechtecke und Quadrate auch direkt mit Bleistift und Lineal auf den Rahmen gezeichnet werden. Die Quadrate in den Ecken haben eine Größe von 12 x 12 cm. Davon ausgehend die Linien jeweils mit zum anderen Eck durchziehen.*
Kurze Gedichte oder Geschichten anstelle der schriftähnlichen Muster geben dem Bild eine noch persönlichere Note!

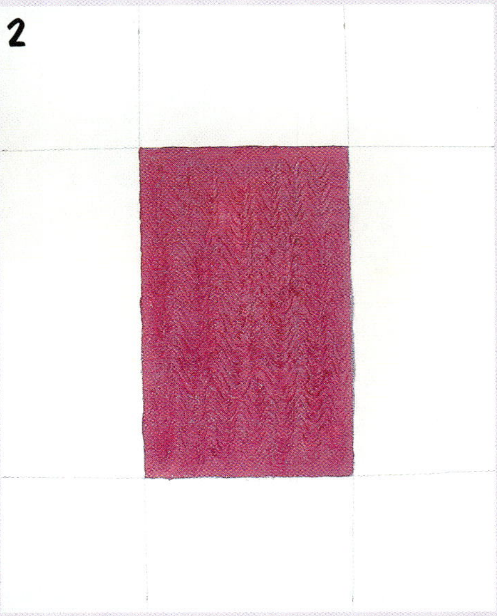

2. Das mittlere Rechteck mit Modellierpaste ausspachteln und anschließend einen Kamm wellenförmig durchziehen. Nach dem Trocknen das Rechteck mit Acrylfarbe in Pink bemalen.

Material

- *Keilrahmen, 40 x 50 cm*
- *Modellierpaste in Weiß*
- *Strukturpaste feinkörnig in Weiß*
- *Marabu Acrylfarbe in Pink, Lavendel, Violett dunkel, Weiß und Metallic-Gold*
- *Öl-Pastellkreide in Purpurrosa mittel, Purpurviolett, Weiß*
- *Marabu-fun & fancy Konturenfarbe in Gold*
- *weicher Buntstift und Bleistift*
- *Klebeband*
- *Transparentpapier, Lineal*
- *Spachtel*
- *Kamm*
- *Borstenpinsel in Größe 16 und 20*

Vorlage 2, Bogen A

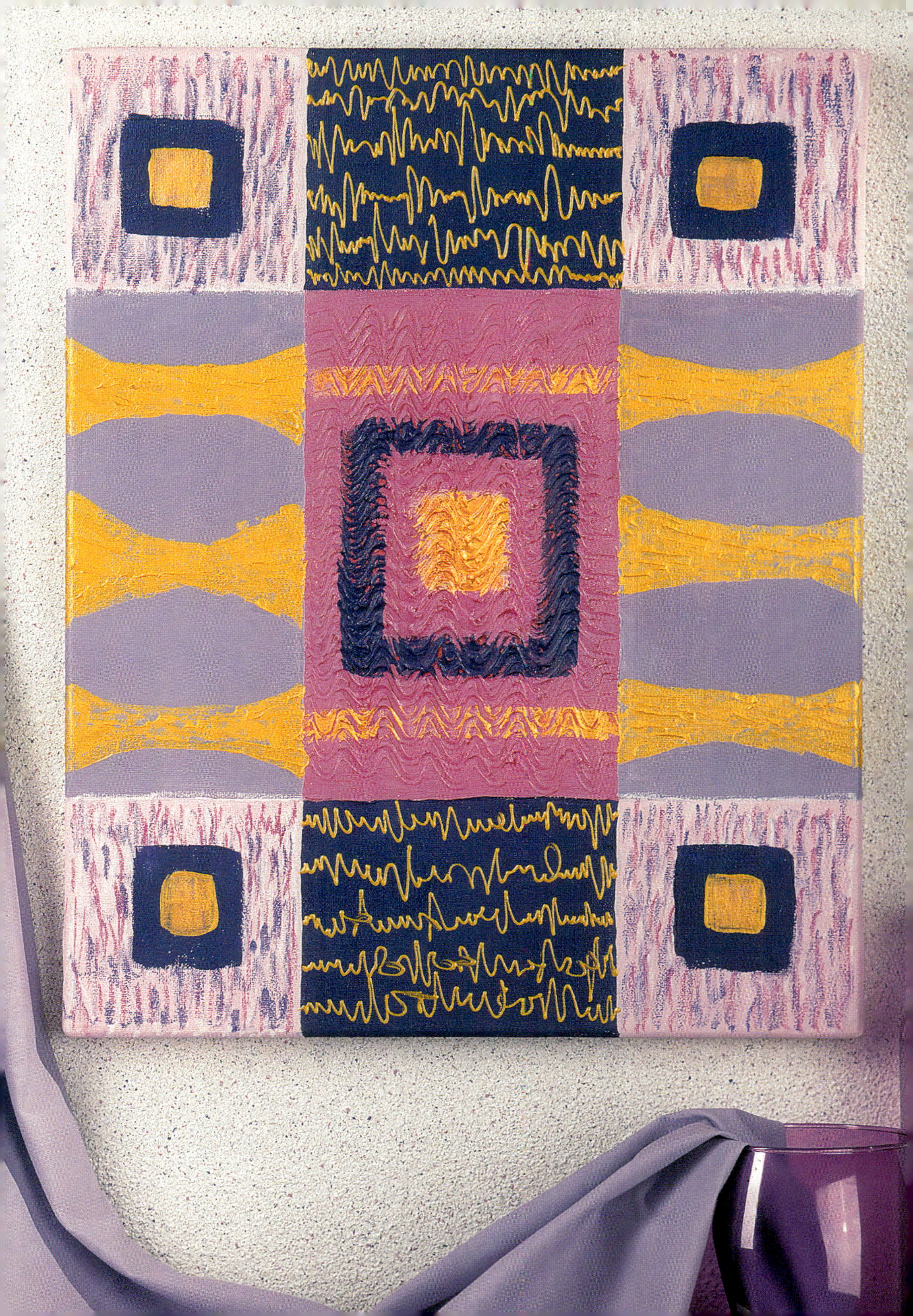

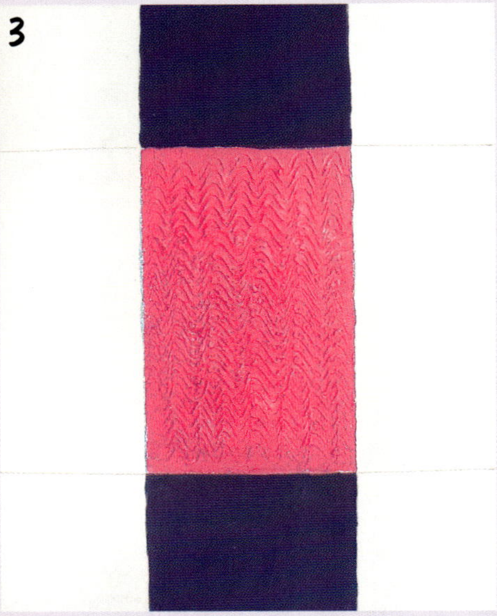

3. Die jeweils oben und unten angrenzenden Flächen mit Dunkelviolett bemalen. Damit die Kanten schön sauber und gerade werden, die Linien der Vorzeichnung vorher mit Klebeband abkleben. Die Farbe antrocknen lassen, dann das Klebeband abziehen. Die Ränder des Keilrahmens nicht vergessen mit zu bemalen!

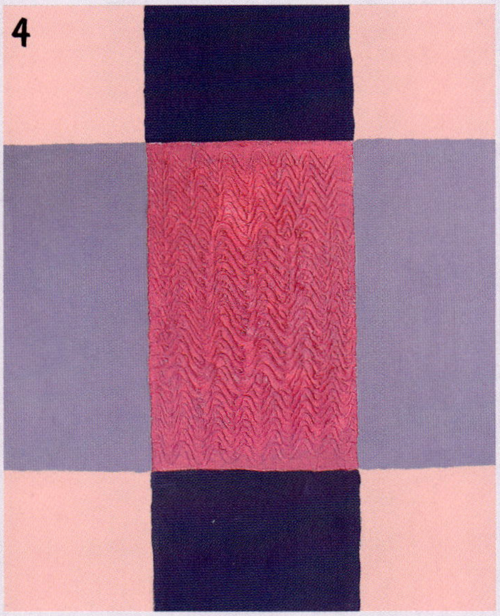

4. Die Flächen rechts und links neben dem mittleren Rechteck mit lavendelfarbener Acrylfarbe ebenso gestalten. Sollte der erste Farbauftrag nicht ganz decken, ein weiteres Mal darüber malen. Für die vier Eck-Quadrate Acrylfarbe in Lavendel, Pink und Weiß mischen und, wenn der Ton gefällt, die Flächen damit ausfüllen. Vor dem weiteren Gestalten mit Farbe, Strukturpaste und Konturenfarbe alles gut trocknen lassen.

5. Die Vorlage auf dem Transparentpapier noch einmal auflegen und mit Klebeband fixieren, die Seite mit den Buntstiftlinien liegt auf der Leinwand. Jetzt die Muster, wie vorher die Geraden, übertragen und das Papier wieder abnehmen. Die Strukturpaste mit der Acrylfarbe in Metallic-Gold einfärben, dann in den lavendelfarbenen Rechtecken mit dem Spachtel das Strukturgold aufstreichen. Das Schriftmuster der violetten Rechtecke mit goldener Konturenfarbe nachziehen.

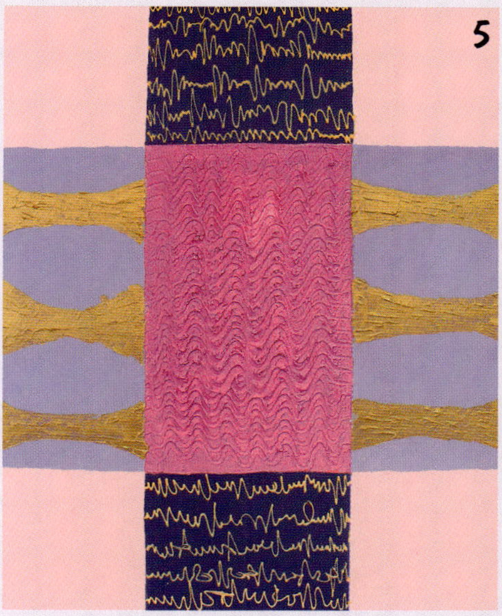

6. Die Farbe trocknen lassen, dann die Eck-Quadrate mit den verschiedenen Öl-Pastellkreiden ausarbeiten: Kurze Striche malen und die Farben so oft in- und übereinander auftragen, bis das gewünschte Muster entsteht. Für die weitere Verzierung die Vorlage erneut auflegen, fixieren und die Quadrate übertragen. Die Linien mit dem kleinen Pinsel in Dunkelviolett nachmalen. Das mittlere Quadrat lässt sich aufgrund der strukturierten Oberfläche allerdings am besten frei Hand malen. Deshalb hier einfach nur ein paar Anhaltspunkte markieren.

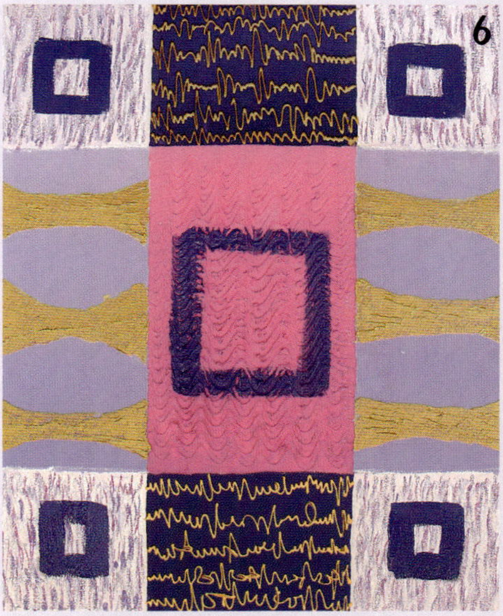

Ins Blaue gemalt

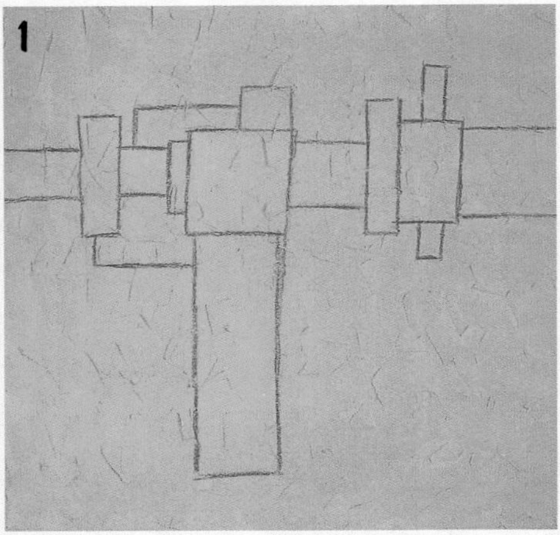

1. Mithilfe des Spachtels Modelliermasse auf den Keilrahmen auftragen und dem Untergrund dadurch eine leichte Struktur geben. Die Paste trocknen lassen, dann mit Acrylfarbe in Hellblau grundieren. Die Vorlage mit dem Bleistift auf Transparentpapier übertragen. Das Papier wenden und die Linien mit dem weichen Buntstift nachzeichnen. Das Papier erneut umdrehen, mit Klebeband auf dem Rahmen fixieren und die Linien auf der Rückseite noch einmal nachziehen, so dass sie sich auf der Leinwand abzeichnen.

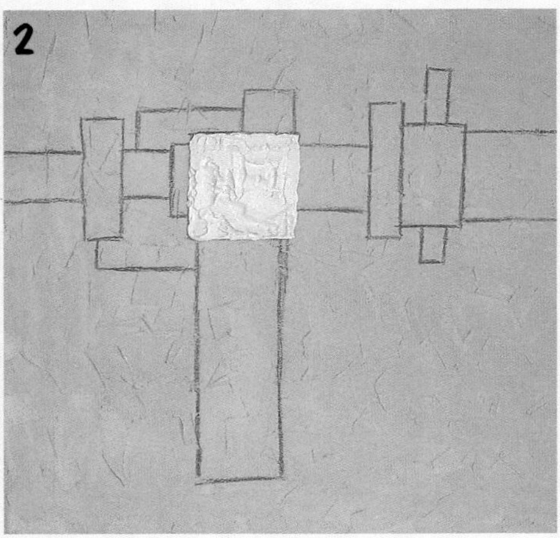

2. Auf das mittlere Kästchen eine weitere, etwa zwei Millimeter starke Schicht Modellierpaste auftragen und mit dem Spachtel eine Struktur einarbeiten. Dabei darauf achten, dass das Kästchen vollständig ausgefüllt ist. Die Paste trocknen lassen.

Tipp: *Wer die unvermeidbaren Wartezeiten vergnüglich überbrücken möchte, schwingt derweil einfach an einer anderen Leinand den Pinsel!*

Material

- *Keilrahmen, 40 x 40 cm*
- *Modellierpaste in Weiß*
- *Marabu Acrylfarbe in Arktis, Hellblau, Azurblau, Royalblau, Ultramarinblau dunkel, Pariserblau, Hellgrün und Weiß*
- *Pastellkreide in Königsblau hell, Ultramarinblau dunkel, Hellgrün und Weiß*
- *Strukturgel Glitter-Graphit*
- *Marabu-Fixativ*
- *Transparentpapier, Bleistift und weicher Buntstift in Blau*
- *Spachtel, Zahnspachtel*
- *Borstenpinsel in Größe 8 und 20*
- *Lappen*

Vorlage 3, Bogen B

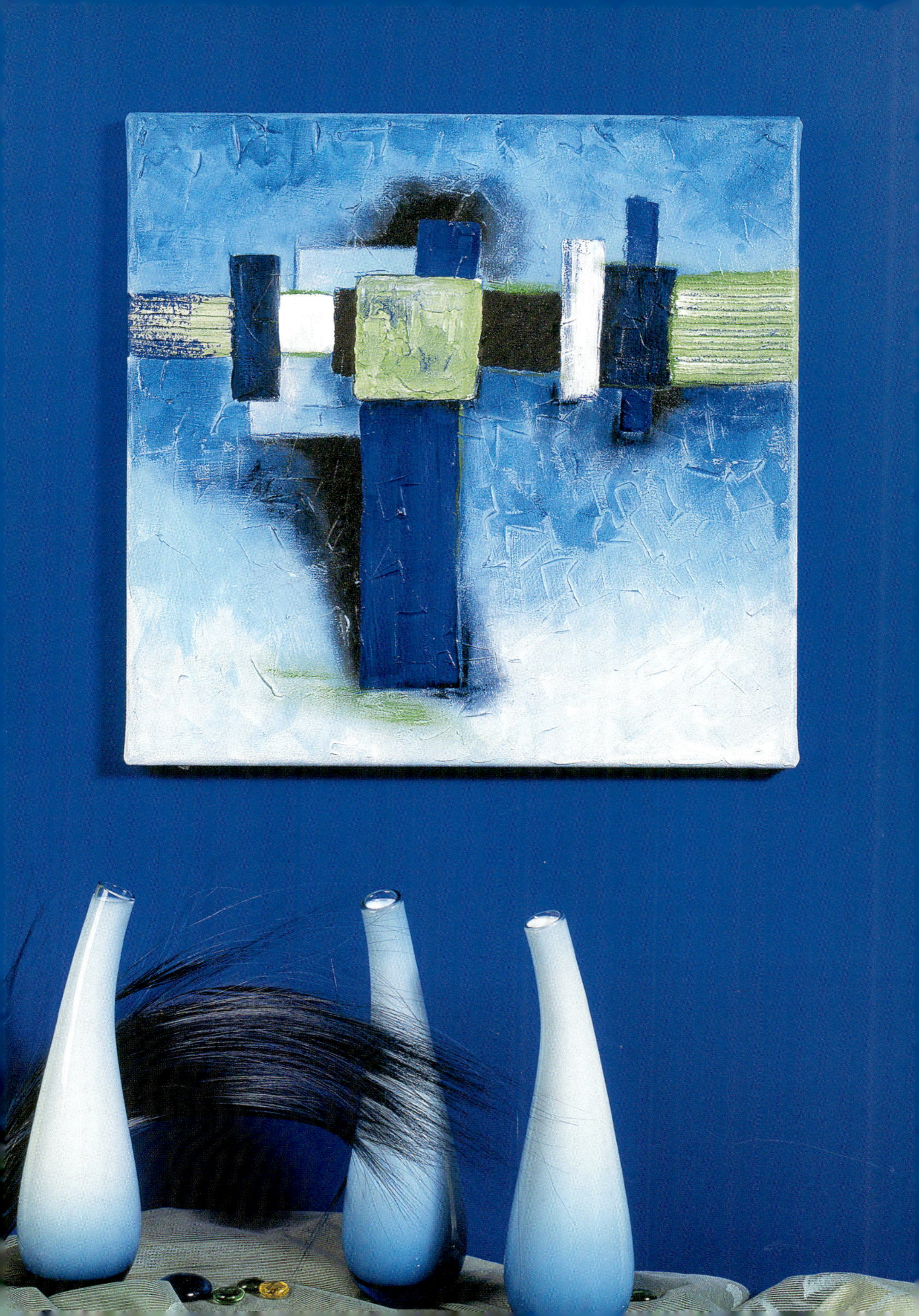

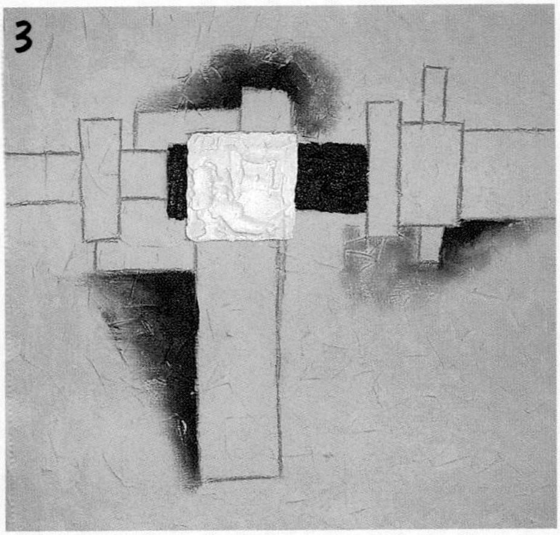

3. Die beiden Rechtecke links und rechts neben dem Kästchen mit dem Glitter-Gel bestreichen. Dazu am besten den kleineren Pinsel nehmen. Für mehr Tiefe auch den Hintergrund mit etwas Glitter-Gel gestalten, dabei von innen nach außen arbeiten und die Ränder weich auslaufen lassen, wie im Foto zu sehen.

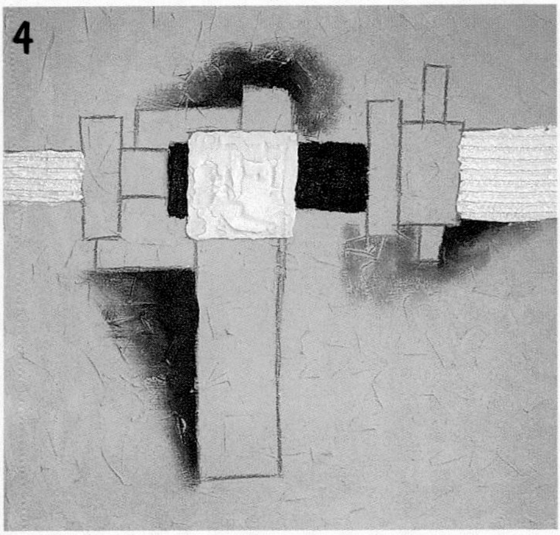

4. Jetzt in die beiden äußeren Rechtecke ebenfalls Modellierpaste spachteln und anschließend mit dem Zahnspachtel ein quer verlaufendes Rillenmuster einziehen. Wer keinen Zahnspachtel hat, kann stattdessen auch einen Kamm mit großen Zinken verwenden.

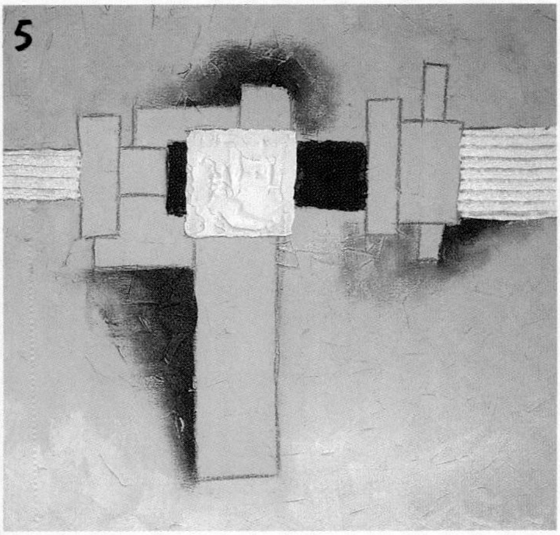

5. Während die Modelliermasse trocknet, für den unteren Bildteil Acrylfarbe in Arktis mit etwas Wasser verdünnen und mit lockeren, sich kreuzenden Pinselstrichen auftragen. Das Azurblau für den oberen Bildteil ebenfalls leicht verdünnen, dann lasierend malen und die Farbe nach unten hin auslaufen lassen.

6. Nach dem Trocknen wird der obere Bildteil weiter bearbeitet: Mit dem Lappen etwas royalblaue Farbe aufnehmen und vorsichtig darüber streichen, so dass die reliefartige und lebendige Struktur des Untergrunds gut zur Geltung kommt.

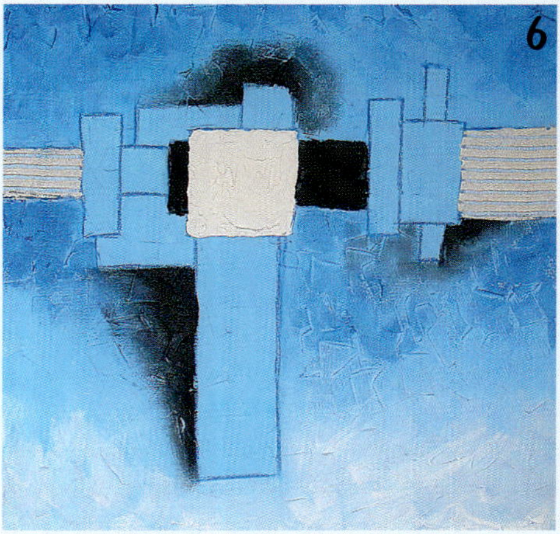

7. Jetzt das zweite Rechteck von links und das zweite Rechteck von rechts mit Acrylfarbe in Pariserblau ausmalen, wie im Foto zu sehen. Die Farbe trocknen lassen.

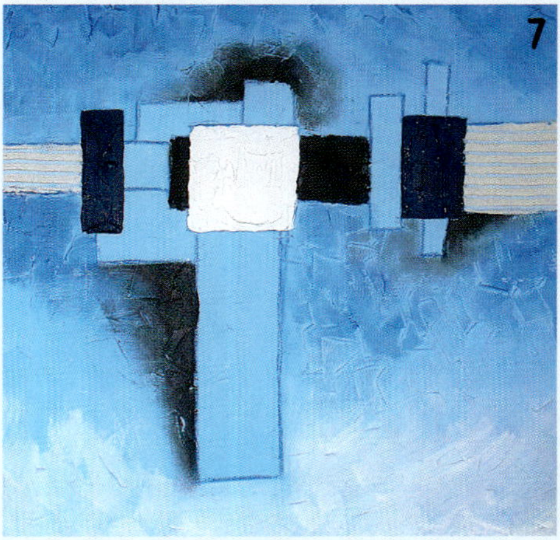

8. Zum Ausmalen des langen Rechtecks, des kleinen Quadrats oben rechts und des schmalen Streifens ultramarinblaue Acrylfarbe verwenden, für das Kästchen in der Mitte sowie die Flächen links und rechts am Bildrand eine Mischung aus Hellgrün und etwas Arktis. In die Fläche am linken Bildrand mit einem trockenen Pinsel zusätzlich etwas Ultramarinblau geben. Mit den Pastellkreiden weitere Akzente setzen und das fertige Bild mit Fixativ besprühen.

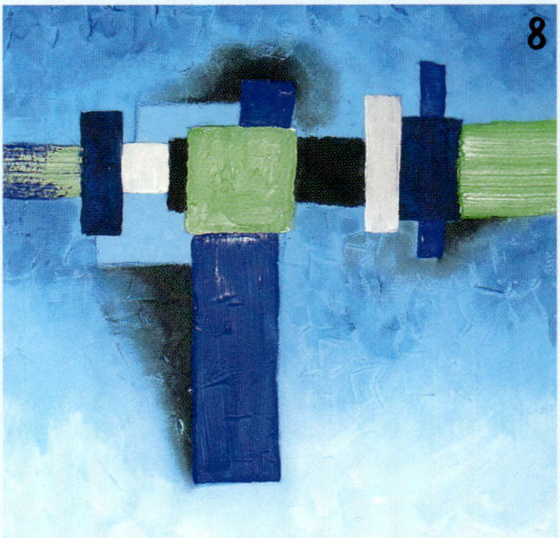

Ein echtes Glanzstück

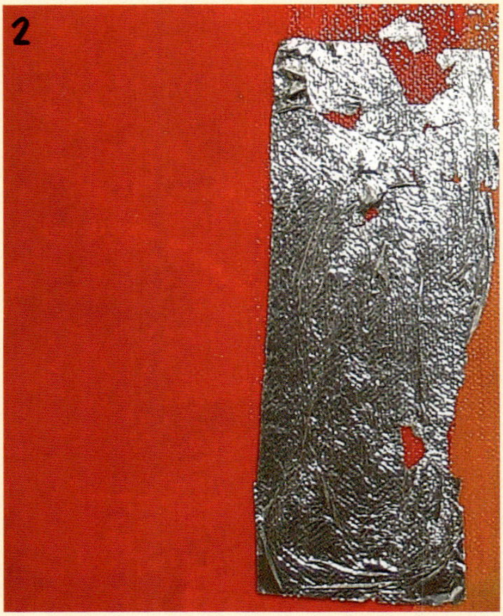

1. Den Keilrahmen mit dem Borstenpinsel kirschrot grundieren und die Farbe gut trocknen lassen. Nun die Vorlage vom Bogen auf Transparentpapier übertragen. Das Papier wenden und die Linien mit dem weichen Buntstift nachzeichnen. Das Papier erneut umdrehen, mit Klebeband auf dem Rahmen fixieren und die Linien auf der Rückseite noch einmal nachziehen, so dass sie sich auf der Leinwand abbilden. Die Farben der Flächen markieren.

2. Flächen, die mit Blattsilber veredelt werden sollen, mit der Anlegemilch bepinseln. Sind sie berührtrocknen, das Blattsilber auflegen und mit den Fingern oder dem Pinsel vorsichtig andrücken. Kleine Falten und Risse lassen sich nicht vermeiden. Das Blattsilber nach Herstellerangaben trocknen lassen. Mit einem speziellen Schutzlack lassen sich Arbeiten mit den empfindlichen Blattmetallen haltbarer machen.

Material

- *Keilrahmen, 40 x 50 cm*
- *Blattmetall in Silber und Anlegemilch*
- *Marabu Acrylfarbe in Zitron, Mittelgelb, Orange und Kirschrot*
- *Pastellkreide in Zitonengelb, Cadmiumgelb, Zinnoberrot, Karmin dunkel und Rotbraun*
- *Marabu-Glitterspray in Silber*
- *Marbu-Fixativ*
- *Papier oder Pappe, Klebeband*
- *Transparentpapier, Bleistift, weicher Buntstift, Lappen*
- *Borstenpinsel in Größe 24 und 20*

Vorlage 4, Bogen A

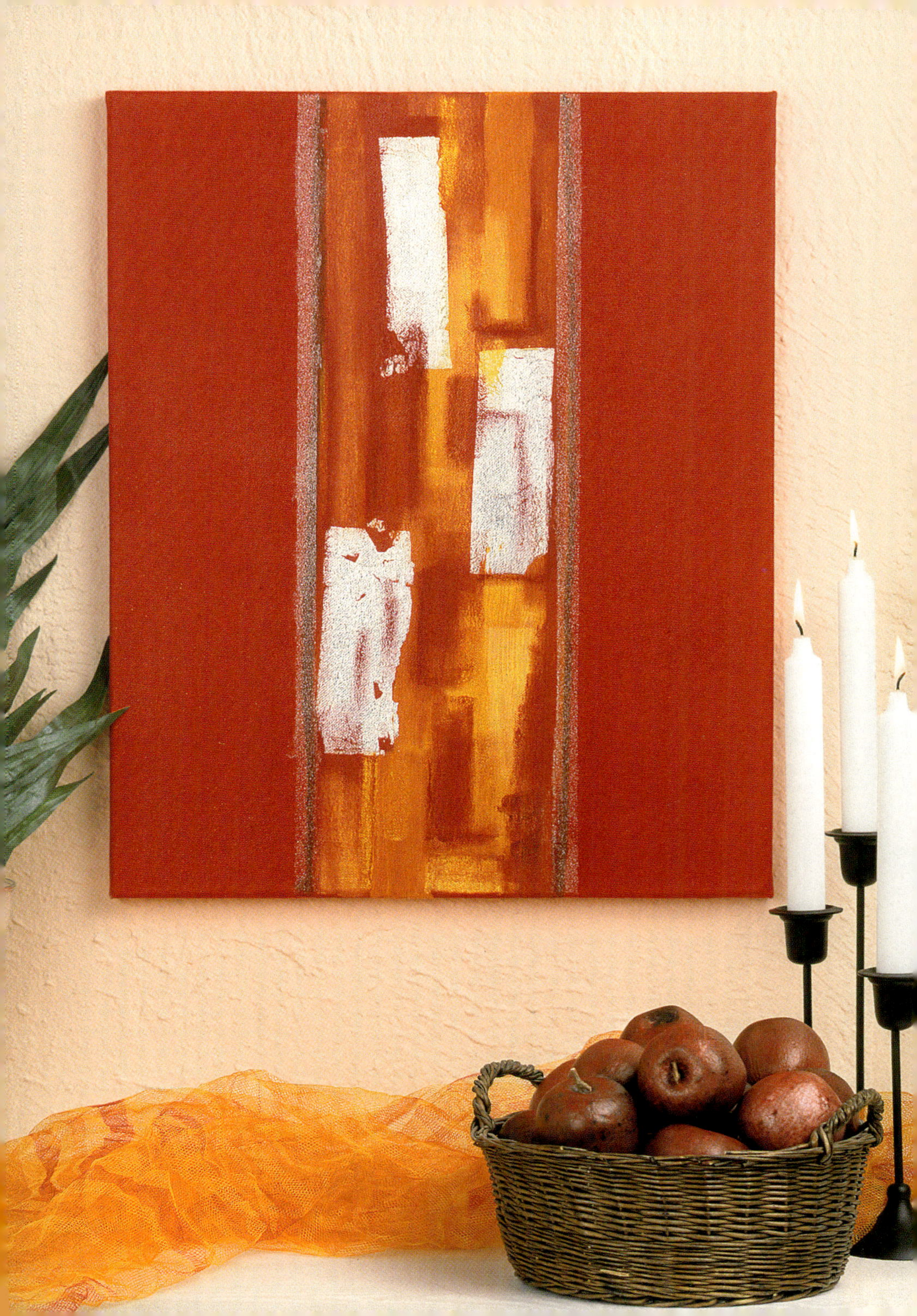

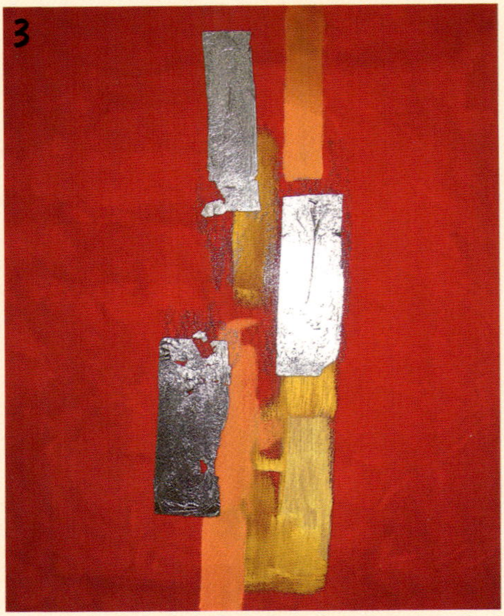

3. Jetzt mit den Borstenpinseln die gelben und orangefarbenen Streifen aufmalen, dabei möglichst nicht über das Blattsilber kommen. Der Auftrag darf ruhig unregelmäßig sein und mehrere Gelbtöne ineinandergewischt werden, damit die Streifen malerisch wirken.

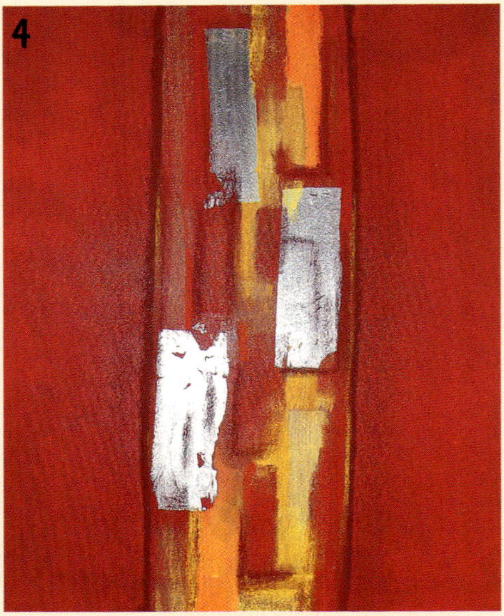

4. Nach dem Trocknen mit Pastellkreide erste Akzente setzen: Den Streifen seitlich in Rotbraun abgrenzen, mit Zitron, Orange und einigen Strichen in Rotbraun Bewegung hineinbringen. Auf diese Weise Strich für Strich und Schicht für Schicht weiterarbeiten, die Farben intensivieren und lebendig werden lassen. Auch das Rotbraun am Rand noch verstärken und die Linien mit dem Finger leicht nach außen verwischen.

5. Zum Schluss etwas Zinnoberrot und Kaminrot dunkel hineinbringen, sowohl in die Farbflächen als auch auf das Blattsilber, und wiederum mit dem Finger verwischen. Die Leinwand mit Fixativ einsprühen und trocknen lassen.

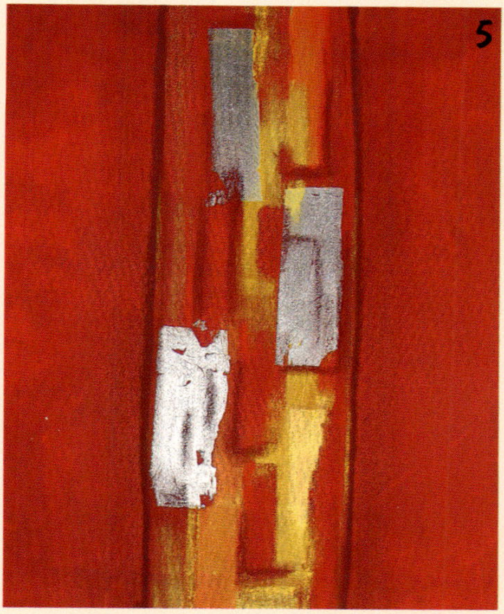

6. Jetzt das Bild bis auf die rotbraunen Streifen mit Papier oder Pappe abdecken und etwas Glitterspray darüber geben. Papier und Klebeband entfernen. Das Bild trocknen lassen. Nach dem Fixieren erscheinen manche Farben blasser als vorher. Ein zweiter Farbauftrag samt Fixierung bringt sie jedoch wieder schön zum Leuchten.

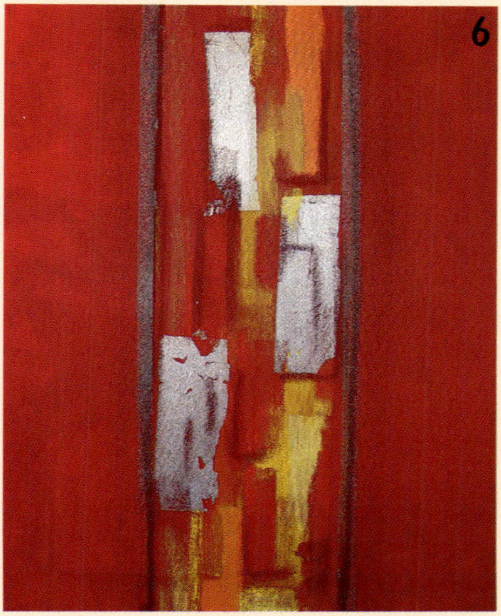

Tipp: *Durch das Verwischen mit Papier oder einem Lappen verlieren Pastellfarben an Festigkeit und haften weniger gut. Deshalb für die weichen Verläufe die Finger nehmen und einen feuchten Lappen bereit halten, um sie danach zu säubern.*

Lust auf Gute-Laune-Gelb?

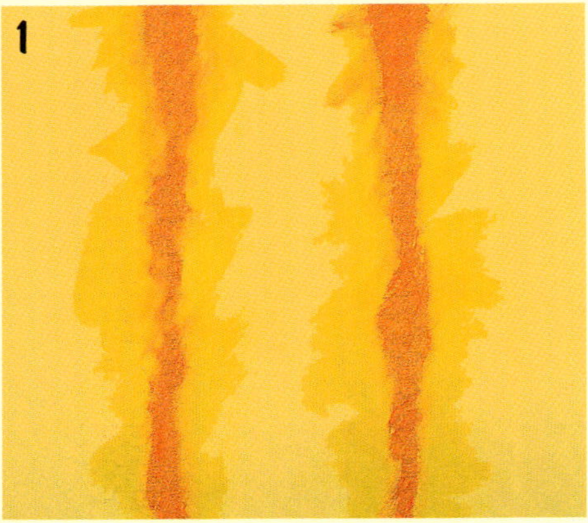

1. Den Keilrahmen mit Acrylfarbe in Mango und dem Pinsel in Größe 24 grundieren. Anschließend mit dem Pinsel in Größe 16 die beiden unregelmäßigen Streifen auftragen: Zuerst mit Gelb malen und es an den Rändern leicht fransig auslaufen lassen. Nach dem Trocknen jeweils einen schmaleren Streifen Orange hineinsetzen, auch diese Schicht mit trockenem Pinsel wieder ein wenig ausfransen. Wer unsicher ist, zeichnet mit dem Bleistift eine Linie vor und braucht sie dann nur noch zu verbreitern.

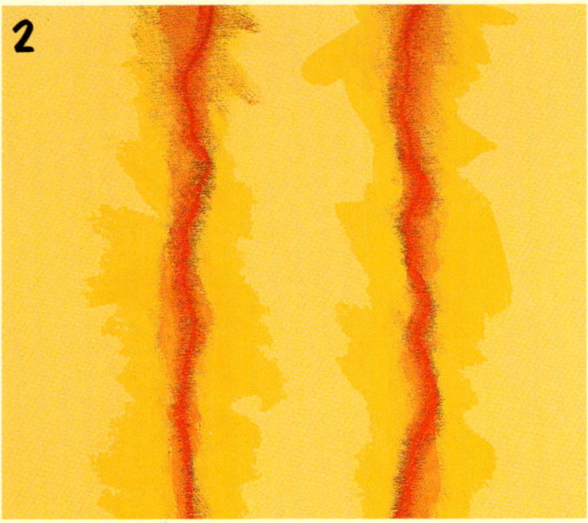

2. Nun mit zinnoberroter Pastellkreide dem Verlauf der Streifen nachgehen und die Linien mit dem Finger sanft verreiben. Falls beim ersten Mal nicht genug Farbe haften bleibt, noch einmal darüber gehen.

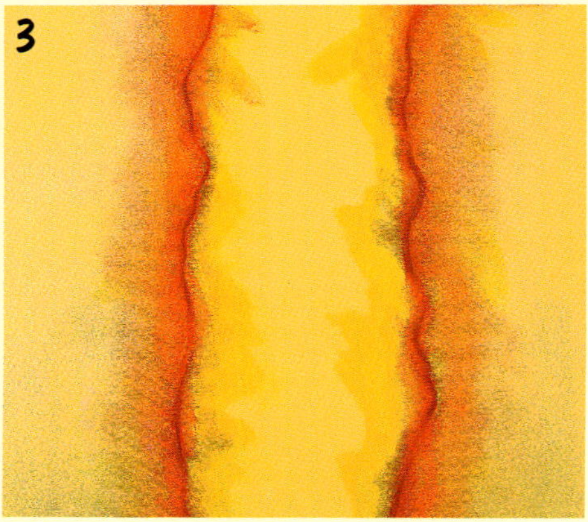

3. Die Linien stellenweise mit Karminrot weiter intensivieren und mit etwas Glitterspray zum Glitzern bringen. Nach dem Trocknen das Bild mit Fixativ einsprühen. Zum Schluss die Mosaiksteine auf der Leinwand verteilen und festkleben.

Tipp: *Beim Besprühen mit Glitterspray ein passend zugeschnittenes Stück Papier oder Pappe auflegen, dann gelangen keine unerwünschten Glitzerpunkte in die Mitte.*

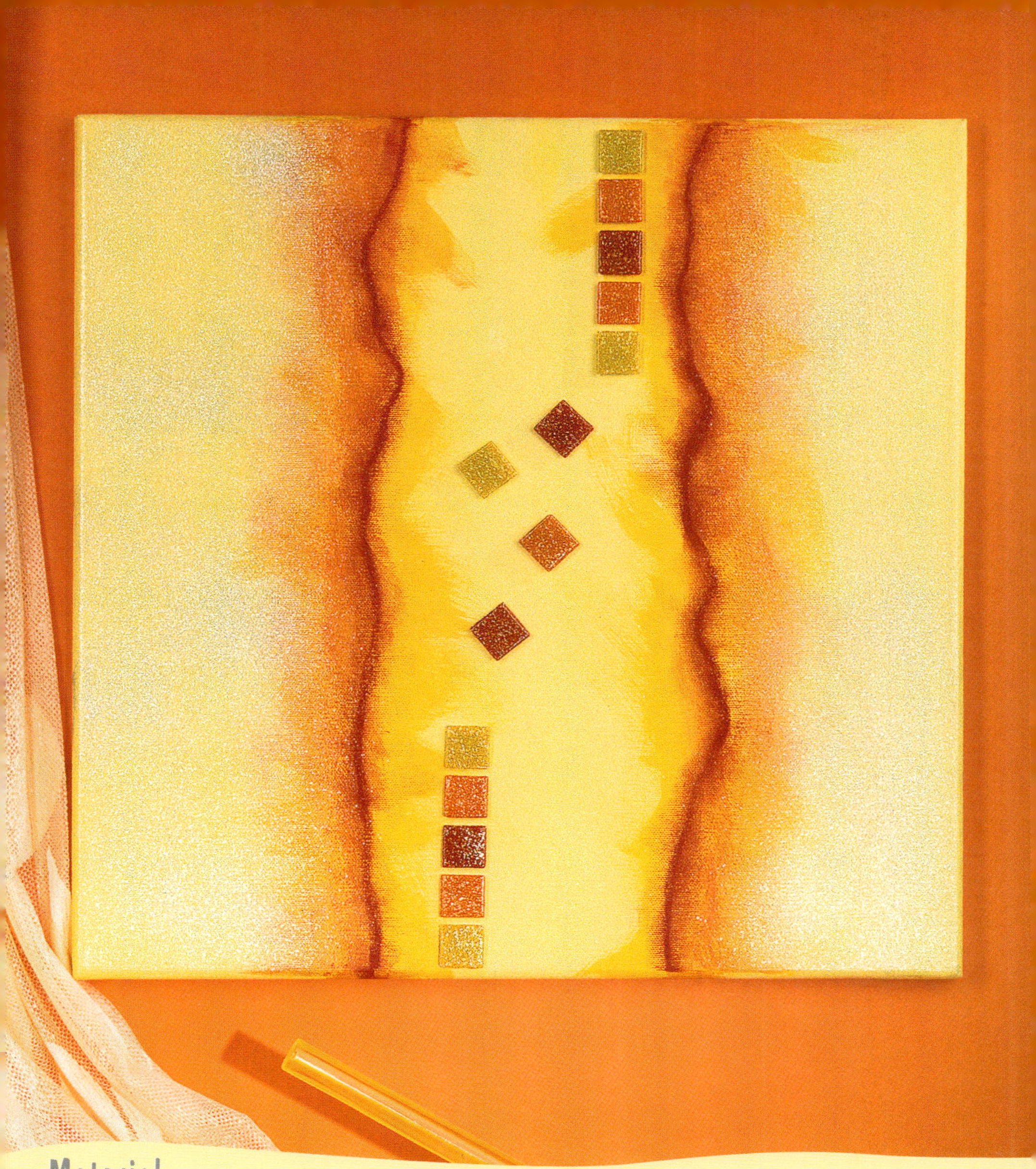

Material

- Keilrahmen, 40 x 40 cm
- Mosaiksteinchen in Gelb, Orange und Rot
- Marabu Acrylfarbe in Mango, Gelb und Orange
- Pastellkreide in Zinnober- und Karminrot
- Marabu-Glitterspray in Silber
- Marabu-Fixativ
- Heißkleber
- Pinsel in Größe 16 und 24
- Lappen

Abendstimmung

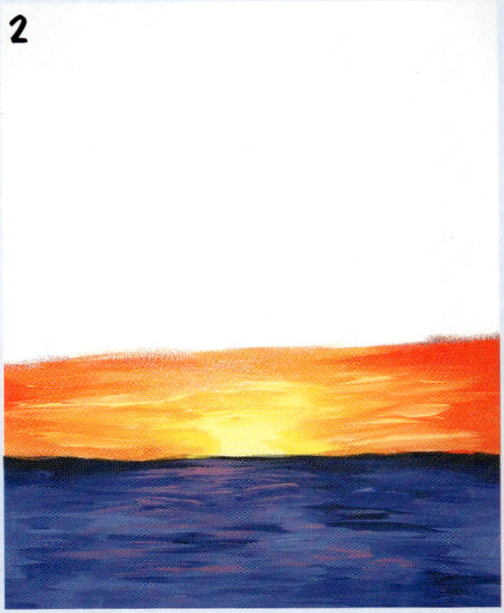

1. Mit dem Wasser beginnen. Dazu etwa ein Viertel des Keilrahmens mit den verschiedenen Blautönen und Schwarz bemalen. Die Farben ineinander laufen lassen und zum Schluss einige zarte Akzente mit einer Mischung aus Magenta und Violett dunkel einarbeiten. Nun mit Acrylfarbe in Zitron den Sonnenmittelpunkt malen, nach außen hin etwas verstreichen und mit Mittelgelb umranden (siehe Foto).

2. Die weiteren Farben für den Himmel können nass in nass aufgetragen werden, ohne zwischendurch trocknen zu müssen. Zuerst etwas Orange in und um das Mittelgelb herum malen, dann ins Zinnoberrot übergehen und auch dabei die noch feuchten Farben wieder ineinander wischen. Ein paar Lichter mit zitronengelber Acrylfarbe setzen.

Material

- *Marabu Acrylfarbe in Zitron, Mittelgelb, Orange, Zinnoberrot hell, Karminrot, Magenta, Lavendel, Violett dunkel, Hellblau, Mittelblau, Ultramarinblau dunkel, Pariserblau und Schwarz*
- *Keilrahmen, 40 x 50 cm*
- *Borstenpinsel in Größe 6, 14 und 20*
- *Acrylhaarpinsel in Größe 2*

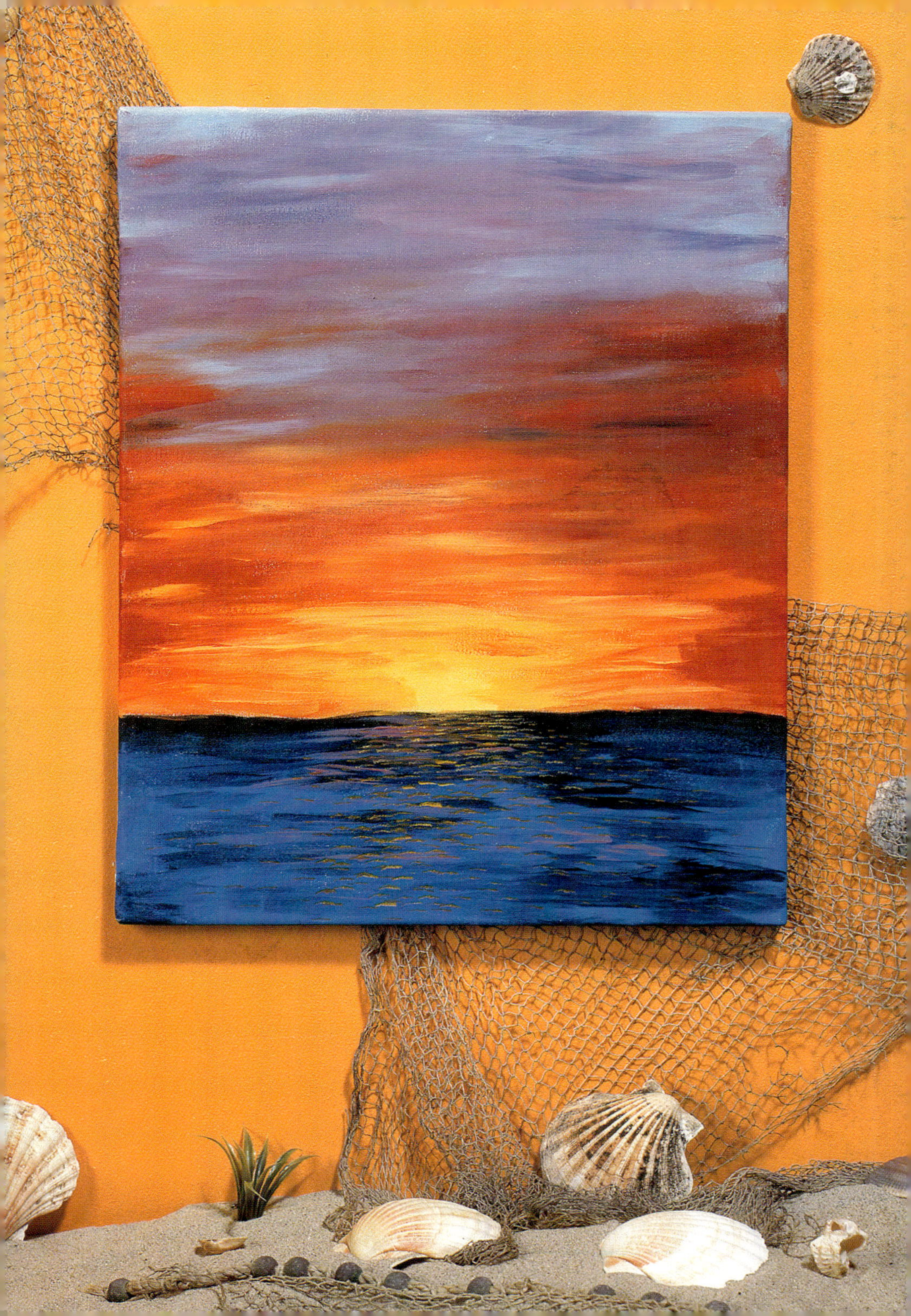

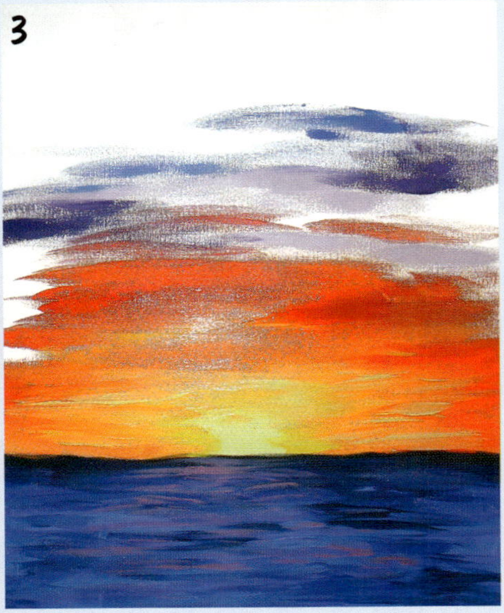

3. Jetzt die Farbverläufe am Himmel mit Karminrot, Lavendel, Mittelblau und dunklem Violett anlegen. Dafür am besten den Pinsel in Größe 14 verwenden. Ins Lavendel ein wenig mittelblaue Farbe für den „Flieder-Touch" geben.

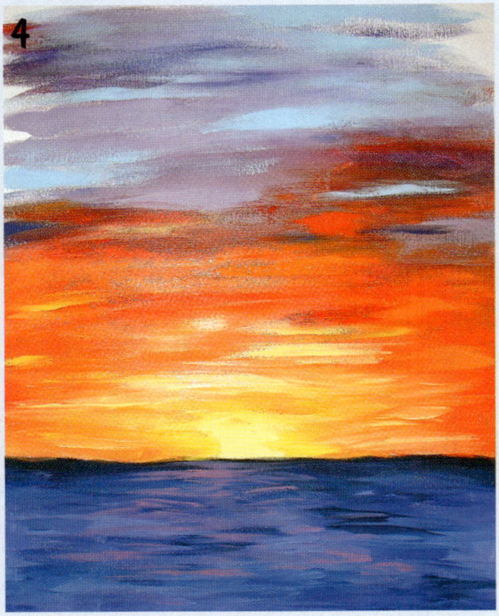

4. Am rechten Bildrand und in der Mitte Schattierungen in Lavendel auftragen. In der linken Ecke mit Mittelblau, darüber und in der rechten Ecken mit Karminrot weitermachen. Mit dem breiten Pinsel etwas Hellblau in den Lavendelton streichen, so dass die Farben leicht vermischen, dann mit Karminrot und Violett dunkel hineinmalen.

Tipp: *Auch Gewitterstimmungen oder Nebelschwaden lassen mit Nass-in-Nass-Technik toll wiedergeben! Wer nicht aus dem Gedächtnis malen möchte, hält seine Eindrücke beim nächsten Spaziergang einfach mit der Kamera fest!*

5. Die Fläche mit Zinnoberrot hell und Orange, Magenta und Violett dunkel weiter schattieren und schließlich mit Magenta, Violett dunkel und Karminrot noch einmal überarbeiten. Dazu am besten die kleinen Pinsel nehmen. Das Hellblau am rechten oberen Rand sowie das Orange rechts und links durch einen weiteren Farbauftrag intensivieren, damit die Farben schön leuchten.

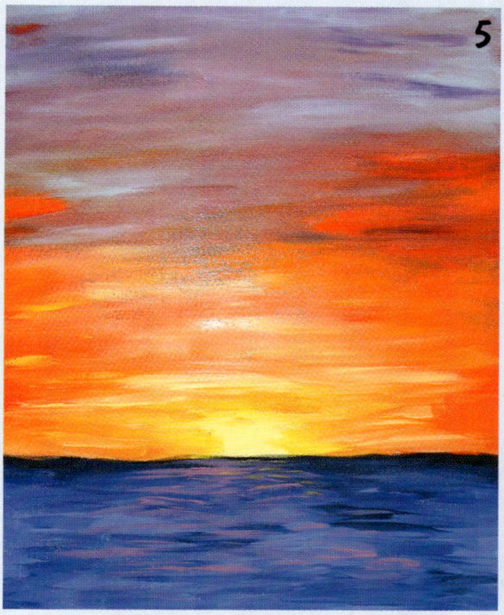

6. Zum Schluss mit dem Acrylhaarpinsel einige Lichtreflexe auf das Wasser setzen, zuerst mit Acrylfarbe in Zitron, dann in Mittelgelb. Wer möchte, kann seinen Sonnenuntergang nach dem Trocknen mit Seidenmattlack einsprühen. Dadurch bekommen die Farben einen leichten Glanz, werden intensiviert und außerdem noch etwas haltbarer gemacht.

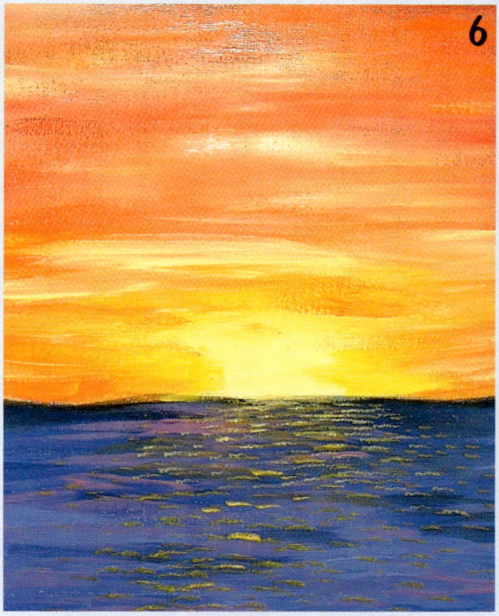

Impressum

Entwürfe und Realisation: Gabriele Schuller
Lektorat: Gudrun Wittler
Redaktion: Ulrike Bogatz
Fotos und Styling: Oswald Visuelle Medien, Schwörstadt, www-visuelle-medien.de
Umschlaggestaltung: Ruth Jungbluth
Entwurf und Illustration „Klipp-Klapper“: Stefan Hagen
Layout und Produktion: buchkonzept@web.de
Druck und Verarbeitung: J. P. Himmer, Augsburg

ISBN 978-89858-703-7 (gültig ab 1.1.2007)
ISBN 3-89858-703-7

2. Auflage 2005

Herstellerverzeichnis

Farben und Lacke:
Marabuwerke GmbH & Co. KG
Asperger Straße 4
71732 Tamm
www.marabu-kreativ.de

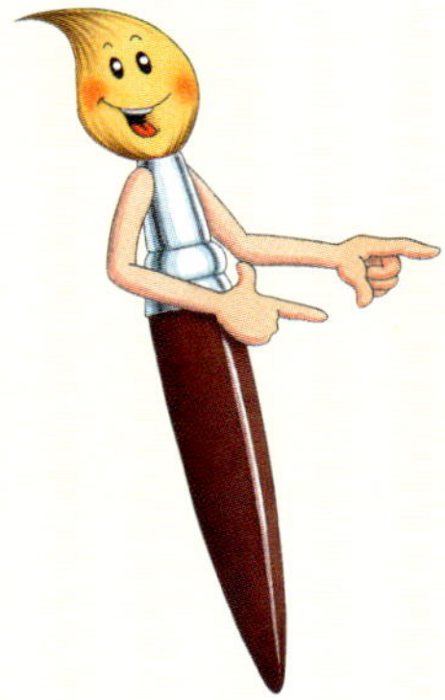

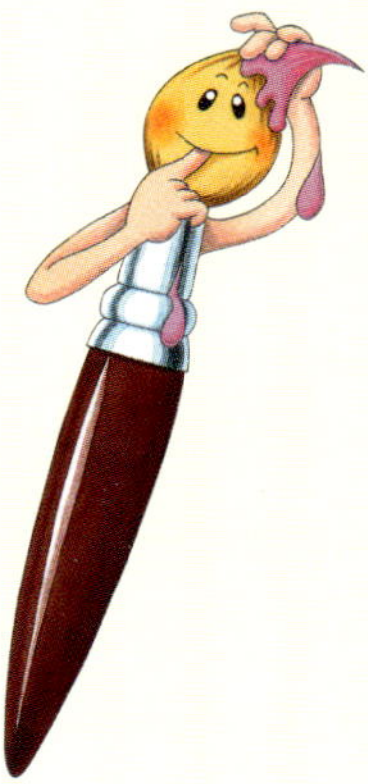

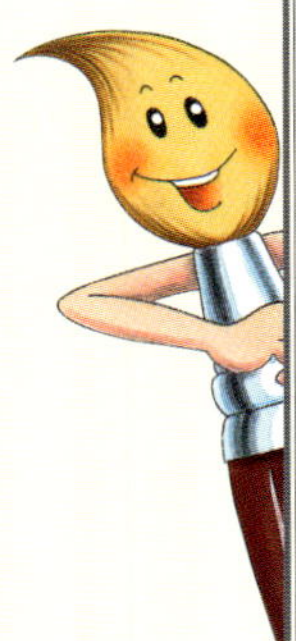

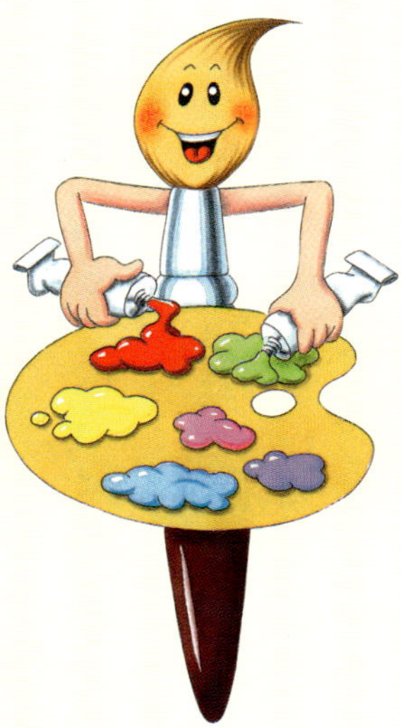